KB190734

함께 배우는
조직신학

유재혁

———

　'천국만 가면 된다'는 값싼 구원관이 누룩처럼 번져 가던 종말의 때에 나 또한 그런 안일함에 잠겨 참으로 오랫동안 세월을 낭비하고 살았다. 미지근할 수밖에 없는 신앙생활을 하면서 가끔은 보기 좋고 맛도 있는 것들을 찾아 기웃거렸지만, 그렇게 먹은 것들은 때로 소화되지 않은 채 나를 불편하게 했다. 토해 내고 싶은데 토해 낼 방법도 힘도 없던 어느 날, 제본된 카비넌트교회의 『함께 배우는 조직신학』을 만났다. 돌아보니, 우연처럼 여겨졌던 그 만남은 긍휼이 많으신 그분이 내 삶에 틈입하신 사건이었다. 정말 감사드린다.

　『함께 배우는 조직신학』을 읽어 가면서 오랜 시간 정리되지 않은 채 뒤죽박죽 섞여 있던 지식의 파편들이 새롭게 정리되고 통합되었다. 그렇게 하나님의 마음을 조금씩 알아 갔고, 교회 생활과 내 삶이 심각하게 어긋난 이유가 나의 무지 때문이었음을 깨달았다. 그러다 보니 파편적으로 알던 성경의 내용들을 좀 더 큰 틀 안에서 통합하여 볼 수 있는 시각이 열렸고, 묵상이나 성경 통독 등 개인의 경건생활도 더욱 부지런하고 풍성해졌다. "내 백성이 지식이 없으므로 망하는도다"라는 호세아서 말씀처럼, 신학의 무지가 얼마나 악한 것인지 새롭게 새겨듣는 시간이었다. 그런 내게 『함께 배우는 조직신학』의 출간 소식은 너무나 반가웠다. 신학 공부는 목회자들이나 하는 것이라고 생각하는 사람이 있다면 이렇게 말해 주고 싶다. "토하여 내치기 전에 세월을 아끼라. 주가 가까우시다." 이 책을 집어 들고 나처럼 원인 모를 만성위염이 치료되는 분이 많아졌으면 하는 바람이다.

김해경 집사_ 주일학교 교사(하늘꿈우리교회)

하나님은 세상밖에 모르던 나를 30대 중반에 자녀로 불러주셨고, 나는 카비넌트교회에서 제대로 된 신앙생활을 시작할 수 있었다. 신앙생활을 시작한 지 얼마 되지 않았을 때 조직신학 강의를 듣게 되었는데, 이때 "체계적으로 신학을 공부하면 살아가는 데 많은 도움이 될 겁니다"라고 하셨던 말씀이 기억난다. 처음엔 '삶에 도움이 될 수도 있겠지' 하고 쉽게 넘어갔던 부분들이 이제는 내 삶에 커다란 차이를 만들어 내고 있음을 느낀다.

믿음의 중요한 뼈대를 탄탄하게 만들었다는 것이 어떤 일을 겪을지 모르는 망가진 세상을 살아가는 데 얼마나 든든한 버팀목이 되어 주었는지 모른다. 조직신학은, 상황에 따라 쉽게 변하는 주관적인 감정에 휘둘리지 않고 객관적인 주님의 말씀을 붙잡을 수 있도록, 정말 큰 도움을 주었다. 누구도 피할 수 없는 삶의 소용돌이 속에서 주님의 언약과 주님이 십자가에서 지불하여 주신 대속의 은혜를 잊지 않을 수 있었고, 한 번 하신 약속을 끝까지 지키시는 주님의 신실하심을 의심하지 않을 수 있었다.

앞으로도 많은 일을 겪으며 살아가겠지만, 그럴 때마다 조직신학에서 배웠던 내용들을 토대로 흔들리지 않는 주님의 진리를 견고히 붙잡을 수 있을 거라고, 살아서 역사하시는 주님의 선하심을 찬양하도록 도우시는 무한하신 능력의 주님만 의지하며 살아갈 수 있을 거라고 믿는다. 많은 사람이 『함께 배우는 조직신학』을 통해 신앙의 뿌리와 뼈대를 견고하게 할 수 있기를 기도한다.

김양규 장로_ 카비넌트교회

들어가는 말

─────

　마흔이 다 되어 신학교에 입학하면서 여러 감회가 있었다. 우선 신학을 공부할 수 있다는 사실 자체가 기쁘고 감사했다. 새롭게 진리를 깨달을 때면 때로 감격스러웠고 때로는 신기했다. 마음속에서 '하나님이 이렇게 체계적이고 논리적으로 진리를 가르쳐 주시는구나!' 하는 탄성이 터져 나왔다. 하지만 다른 한편으로는 의아한 점도 있었다. 복음을 전해 듣고 예수님을 믿게 된 후로 일반 성도로 여러 교회를 다녔지만 한 번도 제대로 신학 공부를 해 본 적이 없었기에, 그 이유가 궁금했다. '우리나라에 교회가 이렇게 많은데 정작 신학 공부를 할 수 있는 기회는 왜 드문 걸까?' 그리스도인들이 신학 공부를 할 기회를 갖지 못한 채 신앙생활을 하고 있는 현실은 아무리 생각해도 이해하기 어려웠다. 신학과 신앙은 동떨어진 것이 아니니 말이다.

　신학 공부는 성경 말씀을 바탕으로 하나님, 예수님, 성령님, 인간의 구원, 하나님의 은혜 등을 깨우쳐 가는 것이라, 모든 성도가 해야 한다고 생각한다. 그래서 신학교를 졸업하고 카비넌트교회를 개척한 뒤에 교인들에게 신학을 가르치기 시작했다. 당시 카비넌트교회의 모토는 "알고 믿자"였다. 제대로 알아야 제대로 믿을 수 있다는 당연한 이치를 바탕으로 교인들에게 설교나 성경 공부와 더불어 신학을 접할 기회를 제공하려고 노력했다. 신학이 목회자의 전유물도 아니고 그렇게 되어서도 안 되니까. 처음에는 무리한 시도 같았지만, 시간이 흐르자 차츰 교인들에게 신학 지식이 스며들었다. 교회를 개척한 지 10년이 넘은 시점에서 보니, 단단한 신앙을 지닌 교인들은 신학을 꾸준히 공부한 사람들이었다. 어느 사상가가 이렇게 말했다. "자신이 설명할 수 없는 진리는 자신이 정말로 믿고 있는 진리가 아니다." 믿음은 그 대상과 내용이 있어야 제대로 작동하지 믿음 자체만으로는 가치도 없고 힘도 없다. 우리가 신학 공부를 통해 믿음의 대상이신 삼위일체 하나님과 그분이 베푸신 구원의 놀라운 은혜를, 그분이 지금 하고 계시고 앞으로 하실 일들을 알아 가면 믿음은 자란다.

조직신학은 기독교의 주요 주제들에 관해 성경 본문을 바탕으로 체계적으로 정리한 것이다. 따라서 신학의 근간이 된다. 이 외에도 성경신학, 언약신학, 역사신학, 실천신학 등 여러 분야가 있지만, 신학을 처음 접할 때는 조직신학을 공부하는 것이 일반적이고 합리적일 것이다. 기독교 역사 속에서 여러 신학자들이 조직신학에 관한 책들을 썼지만, 일반 성도들이 읽기에는 분량도 많고 내용도 복잡한 편이다. 그래서 일반 성도들이 쉽게 접근할 수 있도록 적은 분량으로 핵심 내용만 간추려서 공부하는 것이 효율적일 수 있겠다는 생각에 이 책을 쓰게 되었다. 처음에는 교회 내부용으로 만들었는데, 다른 교회 성도들이나 목회자들의 구매 요청이 종종 있었다. 그러한 이유로 이번에 다시 출간하게 되었다. 이 책은 기존의 조직신학 책처럼 분량이 방대하진 않다. 그래서 이 책을 읽는 것만으로는 충분하지 않다고 여겨진다면, 카비넌트교회 유튜브 채널을 통해 이 책을 바탕으로 한 강의들을 만나 보기 바란다.

요즘은 일반 성도들이 얼마든 성경과 신학을 공부하면서 신앙을 키우고 영적 분별력을 기를 수 있다. 사실 자신의 신앙을 다른 누군가가 좌지우지한다는 것은 안전하지도 바람직하지도 않다. 그리스도인 스스로가 신앙적으로 무장해야 하는 시대다. 독자 여러분의 그러한 노력에 이 책이 작은 보탬이 되기를 바란다.

차례

01

신학이란 무엇인가?
신학은 왜 공부하는가?

신학이란?

신학(Theology = Theos + Logos)은 하나님과 그분 말씀의 이치(理致)를 공부하는 학문이다. 이는 주로 성경에서 얻을 수 있는 하나님과 그분의 역사에 관한 지식과 논리적 이해를 의미한다.

신학과 신앙의 관계

신학이 하나님과 그분의 역사에 관한 지식이라면, 신앙은 그 지식에서 형성되는 믿음과 삶의 지혜를 뜻한다. 즉, 신학은 지식의 영역에, 신앙은 그 지식의 적용과 실천의 영역에 속한다. 신학은 신앙의 뼈대가 되는 동시에 방향을 제시한다. 올바른 신학 없이는 올바른 신앙이 형성될 수 없다. 따라서 올바른 신앙은 올바른 신학을 바탕으로 할 때만 가능하다.

신앙의 변화로 연결되지 않는 신학은 죽은 지식에 불과하다. 반대로 올바른 신학을 바탕으로 하지 않는 신앙은 미련하고 위험하다.

신학의 중요한 분야들

조직신학

조직신학은 기독교의 주제들에 관한 성경의 내용을 체계적이고 이성적으로, 그리고 그것들이 서로 일관성을 갖도록 정리한 것이다. 조직신학에서는 성경이 하나님, 그리스도, 인간, 죄, 구원, 교회, 종말 등 각각의 주제에 대해 어떻게 가르치는지를 성경의 전체 내용을 바탕으로 정리한다.

성경신학

성경신학은 하나님의 계시와 그분의 역사가 시간의 흐름 속에서 펼쳐지고 성취되는 과정을 설명한다. 성경신학에서는 하나님이 창조 이후 죄로 인해 타락한 인류를 어떤 순서로 그리고 어떻게 구속(구원)해 나가시는지를 연구한다.

역사신학

성경이 완성된 후 신약 시대에 신학적 교리와 진리의 개념이 어떻게 체계적으로 정립되어 왔는지를 탐구하는 학문이다. 교회는 그 발생 이후에 여러 종류의 이단들과 잘못된 가르침의 도전을 끊임없이 받아왔다. 다수의 학자들은 이러한 도전을 극복하고 진리 위에 단단히 서기 위해 성경을 깊이 연구하여 올바른 신학을 정립해 왔는데, 이것을 역사신학이라고 한다. 이런 맥락에서 보면 다양한 이단의 출현과 도전은 오히려 참된 신학의 정립에 큰 자극과 도움으로 작용했다.

언약신학

하나님과 인간이 피로 맺은 계약 관계를 공부하는 학문이다. 사실 구약과 신약의 구별은 언약 관계에 따른 구별이기도 하다. 구약은 '옛 언약'(Old Covenant)이라는 뜻이며, 신약은 '새 언약'(New Covenant)이라는 뜻이다. 언약신학은 하나님과 인간 사이의 중보자이신 예수 그리스도를 통해 형성된 관계(그 내용과 성격)를 연구한다.

실천신학

실천신학은 성경의 가르침이 실제 삶 속에서 어떻게 적용되며, 또 유용하게 쓰일 수 있을지 탐구하는 분야다. 이는 신학적인 지식과 통찰이 실제적으로 적용되는 방법에 관한 학문이다. 여기에는 설교학, 기독교 교육학, 선교학 등의 분야가 있다.

신학을 공부하는 이유

첫째, 올바른 신학을 모르면 올바른 신앙생활 또한 불가능하다. 게다가 자칫 잘못된 가르침에 넘어갈 수도 있다. 오늘날의 교회는 외부적으로 여러 이단의 공격이 있고 내부적으로도 잘못된 가르침이 깊게 침투한 상태다. 본인이 깨어 알고 있지 않으면 자신을 지킬 수 없다(호 4:6; 엡 4:13-14).

둘째, 믿는 사람들은 신앙이 중요하다고 말한다. 정말 그렇다면 신학이 모든 믿는 사람의 가장 우선적인 전공이 되어야 한다. 누군가가 "자신이 설명할 수 없는 진리는 자신이 정말로 믿고 있는 진리가 아니다"라고 말한 것같이, 우리 믿는 사람들은 자신이 믿는 것에 대해 자세히 그리고 분명히 알아야 한다.

셋째, 신학을 몸에 비유하면 뼈대와 근육과 같다. 건강하고 튼튼하게 신앙생활을 하려면 먼저 몸의 근간이 되는 뼈대와 근육이 튼튼해야 한다. 많은 사람이 튼튼한 뼈와 근육 없이 신앙생활을 하다가 쉽게 넘어지고 부러진다. 그러므로 신학은 특정 부류만의 전유물이 아니다. 믿는 사람들은 모두 신학도가 되어야 한다.

신학을 공부하는 바른 자세

첫째, 겸손한 마음과 기도하는 자세로 신학 공부에 임해야 한다. 잘못하면 축적한 지식이 교만으로 이어질 수 있기 때문이다(고전 8:1). 따라서 진정한 깨달음은 하나님이 주시는 은혜임을 잊지 말아야 한다. 기도하는 자세와 겸손한 마음으로 하나님의 비밀들을 알아 나가야만 올바른 지식과 열매가 주어질 것이다.

둘째, 신학은 모든 학문의 왕자다. 문학, 과학, 예술 등은 신학의 시녀들이다. 그러므로 신학을 공부하는 사람은 신학 공부가 요구하는 우선순위를 분명히 알고 그에 합당한 마음 자세를 지녀야 한다. 신학을 공부할 때는 예습과 복습도 게을리 하지 말아야 한다. 세상 모든 학문이 열심과 관심을 요구하지만, 신학은 그 어느 학문보다 소중한 학문이기 때문이다.

셋째, 신학을 열심히 공부한다고 해서 모든 의문이 풀리지는 않을 것이다. 물론 우리가 알아야 할 것들은 당연히 알 수 있을 것이다. 하지만 우리가 하나님의 모든 비밀을 깨달을 수 없다는 점을 명심해야 한다(신 29:29). 하나님이 허락하신 지식과 지혜와 비밀만으로도 우리는 벅찬 감동과 감사를 느낄 것이다.

넷째, 신학 공부의 중요한 원리는 말씀의 객관성이다. 인간의 생각과 말씀이 가르치는 진리가 서로 다를 때 말씀이 항상 옳음을 인정하는 자세가 필요하다. 이 말은 무조건 인정하라는 뜻이 아니라, 자신의 의심이나 궁금증을 솔직히 표현하면서도 하나님이 깨달음을 주시고 진리로 이끌어 주시길 기도하는 자세가 중요하다는 뜻이다. 인간의 마음은 온전하지 못하며 그 자체로는 진리에 속한 것이 아니다(렘 17:9).

관련 및 적용 질문들

❶ 신학이란 무엇인가?

❷ 신학을 공부해야 하는 이유는 무엇인가? 또 신학 공부는 어떤 신앙으로 연결되는가?

❸ 이단의 출현이 긍정적인 이유는 무엇인가? 로마서 8:28을 바탕으로 이것을 설명하라.

❹ 신학은 목회자들의 전유물이 아니다. 왜 그렇다고 생각하는가?

02

하나님과 성경의 계시

하나님의 존재에 대한 인식

창조주로서의 신은 존재하는가? 인간이라면 누구나 심각하게 생각해 볼 만한 질문이다. 오늘날 많은 사람이 신의 존재에 대해 각자의 주관적인 판단과 생각을 갖고 있다. 유신론자(theist)는 신이 있다고 생각하고, 무신론자(atheist)는 신이 없다고 생각한다. 또 신이 있는지 없는지를 알 수 없다고 생각하는 사람이 있는데, 이런 사람을 가리켜 불가지론자(agnostic)라고 한다. 불가지론자는 신의 존재 유무를 인간이 알 수 없다고 생각한다. 따라서 이들은 신의 존재에 대한 생각이나 신에 대한 믿음을 유보하며 살아간다. 하지만 불가지론자도 실제적으로는 무신론자에 가깝다. 왜냐하면 신에 대한 적극적인 관심이나 믿음이 없기는 마찬가지이기 때문이다.

　이것은 책임 소재에 관한 문제다. 하나님의 존재에 관해 인간이 알 수 없다면, 인간은 하나님을 인식하지 못하고 찾지 않는 것에 대해 책임을 지지 않아도 될 것이다. 하지만 하나님은 인간이 당신의 존재를 인식할 수 있다고 말씀하신다. 그렇다면 인간은 어떻게 하나님의 존재를 인식할 수 있을까? 여기 두 가지 중요한 통로가 있다. 첫째, 인간은 자연의 모습과 이치를 보면서 하나님이 계심을 알 수 있다. 또한 자신의 내면의 양심을 통해 하나님의 존재를 인식할 수 있다. 다시 말해, 인간은 하나님께 직접적인 설명을 듣지 않고도 최소한 하나님의 존재에 대해서는 인정할 수 있다. 이것을 신학적으로 일반계시(General Revelation)라고 한다. 이 일반 계시에 반해서 하나님이 자신을 구체적으로 알려 주신 것을 특별계시(Special Revelation)라고 부른다.

일반계시

　컴퓨터를 보면, 누군가가 이것을 만들었다는 사실을 인정하게 된다. 컴퓨터가 스스로 또는 저절로 생겨났다고 생각하는 사람은 없을 것이다. 이와 같이 인간은 컴퓨터와 비교할 수도 없는 우주와 자연 그리고 그 속에서 살아가는 수많은 생명체를 보고, 그들의 생김새와 기능을 보고 창조주를 생각하지 않을 수 없다. 이런 것들을 보면서도 그것들을 만드신 분을 인정하지 않고 이 모든 것이 우연히 생겨났다고 생각하는 이유는 무엇일까? 또 선과 악에 대한 양심의 분명한 반응과 신호를 겪으면서도 선과 악의 절대 기준이 되는 하나님의 존재를 깨닫지 못하는 이유는 무엇일까? 성경은 그 원인을 계시의 부족이 아니라 마음의 망가짐이라고 진단한다. 즉, 하나님을 알 만한 충분한 증거들이 주어졌음에도 이와 같은 반응을 보이는 것은 인간의 허망한 생각 때문이라는 것이다(롬 1:20-21). 여기서 '허망하다'는 생각을 하면서도 그 생각의 방향이나 결과가 아무런 성과가 없다는 뜻이다. 깊고 의미 있는 생각을 거부하거나 할 줄 모르는 영혼이 많음을 가리키는 말이다.

특별계시

인간은 일반계시를 통해서도 하나님의 존재를 알 수 있다. 그러나 하나님을 구체적으로 알 수는 없다. 마치 컴퓨터를 보면서 그 컴퓨터를 만든 누군가가 존재함을 그리고 그가 상당한 능력의 소유자임을 알 수 있어도, 그 사람에 대한 구체적인 정보는 알 수 없는 것과 같다. 그 사람을 직접 만나거나 그 사람에 대한 소개글을 읽은 후에야 비로소 그 사람을 구체적으로 알 수 있을 것이다. 마찬가지로 일반계시가 하나님의 존재와 능력의 일부를 보여 줄 순 있지만 하나님을 구체적으로 알려 주지는 못한다. 하나님이 어떤 분이며 이 세상을 왜 만드셨는지, 그리고 인간의 존재 목적과 미래의 운명이 무엇인지 등 아주 중요한 부분을 구체적으로 알 수 있는 길은 창조주이신 하나님을 만나거나 그분의 설명을 듣는 것뿐이다. 감사하게도 하나님은 이를 성경이라는 당신의 말씀을 통해 구체적으로 알려 주신다. 이것을 특별계시라고 부른다. 여기서 계시란 하나님이 인간 스스로는 알 수 없도록 감추어진 당신의 비밀스러운 부분을 드러내 알려 주신다는 뜻이다.

말씀이 곧 하나님이다

성경에 대한 가장 중요하고도 오묘한 사실은 바로 '말씀이 하나님'이라는 것이다. 다시 말해 성경이 단지 하나님이 당신에 관하여 알려 주시는 것에 그치는 게 아니라, 근본적으로 하나님이라는 것이다. 사도 요한은 다음과 같이 말씀의 본질을 설명한다. "태초에 말씀이 계시니라 이 말씀이 하나님과 함께 계셨으니 이 말씀은 곧 하나님이시니라"(요 1:1). 또한 그는 이 말씀이 육신의 모습으로 오신 것이 예수 그리스도이심을 알려 준다(요 1:14). 이 사실은 상당히 중요한 의미를 지닌다. 바로 하나님을 구체적으로 알 수 있는 유일한 길이 말씀임을 의미하기 때문이다. 또한 '말씀이 하나님'이라는 사실은 말씀이 완벽하며 성경의 원본에 오류가 없다는 것도 의미한다. 모든 성경이 하나님의 감동, 즉 성령의 인도를 받아서 기록되었다는 사실은 오류가 없으신 하나님이 직접 말씀을 주셨다는 뜻이다 (딤후 3:16).

정경은 어떻게 완성됐나?

오늘날 개신교가 사용하는 성경은 구약 39권과 신약 27권, 모두 66권으로 이루어져 있다. 이 66권을 정경(Canon)이라고 부르는데, '진짜 하나님의 말씀'이라는 뜻이다. 그런데 성경은 처음부터 완결

판으로 나온 것이 아니다. 성경은 여러 시대의 다양한 사람이 기록한 책이다. 약 1,500년에 걸쳐서 40여 명의 영감을 받은 저자들이 썼기 때문에, 성경의 모든 책이 한 권의 책으로 이루어지기까지는 상당한 시간이 걸렸다. 물론 이 일의 주역은 바로 당신의 섭리와 주권을 통해 모든 일을 당신의 뜻과 계획에 따라 행하시는 하나님이셨다. 하지만 하나님의 모든 역사가 그러하듯, 정경의 완성을 이루어 가시는 역사 가운데에도 사탄의 수많은 방해가 있었다.

정경 완성의 역사

오늘날 성경의 완성된 모습, 즉 구약과 신약의 책 목록이 처음으로 정리가 되어서 등장하는 문서는 서기 367년 아타나시우스(Athanasius)의 "부활절 편지"(Paschal Letter)다. 아타나시우스는 알렉산드리아의 주교로, '아리우스주의 이단'(Arian heresy)에 대항하여 삼위일체 교리를 사수한 중요한 인물이다. 그 뒤로부터 교회는 이 66권의 책들만을 정경으로 인정해 왔으나 역사 속에서 외경을 정경에 포함시키려는 시도는 끊이지 않았다.

외경이란?

외경(Apocrypha)이란 구약성경 39권 이외의 7권을 지칭하는 말이다. 가톨릭 성경은 이 외경을 포함하여 구약 46권, 신약 27권, 총 73권으로 되어 있다. 외경에는 '토비트, 유딧, 지혜서, 집회서, 바룩, 마카베오상, 마카베오하'가 있다. 하지만 구약성경의 정경을 소개하는 고대의 권위 있는 여러 문서에는 이 외경들이 포함되어 있지 않다. 예를 들어 유대인 역사가 중에서 가장 뛰어난 명성을 지녔고 1세기에 활동했던 요세푸스(Josephus)는 자신의 역사책에서 기원전 약 435년 이후에는 정경에 포함될 만한 하나님의 말씀이 기록되지 않았다고 한다. 기원전 435년은 구약의 모든 정경이 완성된 시기다. 또한 신약성경에는 구약의 여러 부분이 최소한 295회 인용되고 있는데, 그중 어떤 인용도 외경에서 온 것이 없다. 구약을 하나님의 말씀으로 수없이 인용하셨던 예수님도 외경을 언급하신 적은 없다. 또한 외경에는 정경과 일치하지 않는 내용들이 들어 있다. 예를 들면, 외경은 행위나 공로에 따른 구원을 가르치고 있고, 창조 또한 이미 존재한 물질에서 나왔다고 하면서 무에서 유를 창조하신 (created everything out of nothing) 하나님의 창조 진리를 거스르고 있다. 또한 외경에는 구제물을 드림으로 죄 사함을 받는다든지, 죽은 사람을 위한 기도도 하나님이 들으신다는 것과 같은 비성경적인 가르침이 담겨 있다. 따라서 외경이 역사적인 사실들을 기록한 역사책으로서의 가치는 있을지 모르지만, 성령의 감동에 따라 기록된 하나님의 흠 없는 말씀인 정경은 절대 아니다. 외경이 가톨릭 성경에 들어간 결정적인 계기는 1546년에 있었던 트렌트 공의회(The Council of Trent)였다. 이 공의회에서 교황 바오로 3세는 종교개혁이 태동시킨 개신교와의 차별화를 꾀하려고 외경을 정경에 포함시켰다. 이 트렌트 공의회에서 로마 가톨릭은 자신들의 교리를 공식화하는데, 그중 가장 주목할 내용은 종교적인 열심과 선행에 따른 구원, 즉 행위 구원을 신학적 정론(正論)으로 받아들인 것과 연옥(Purgatory) 개념을 공식적으로 인정한 것이다. 이와 같이 로마가톨릭은 외경을 받아들였고, 궁극적으로 하나님의 은혜를 믿음으로써 구원받는다는 복음의 핵심 진리를 거부하는 결과를 초래했다. 물론 이 모든 역사의 이면에는 사탄의 역할이 있었음이 분명하다.

정경 완성의 의미

성경이 완성되었다는 것은 많은 함의를 지닌다. 그중 가장 큰 부분은 역사의 시작과 끝에 관해 인간이 알아야 할 하나님의 계시가 다 주어졌다는 사실이다. 따라서 그 이상의 직접적이고 특별한 계시를 가르치거나 추구하는 행위는 이러한 진실을 거스르고 왜곡하는 것에 불과하며, 하나님의 심판을 피할 수 없는 죄에 해당한다. 요한계시록은 이런 행위에 대하여 다음과 같이 경고하고 있다.

> 내가 이 두루마리의 예언의 말씀을 듣는 모든 사람에게 증언하노니 만일 누구든지 이것들 외에 더하면 하나님이 이 두루마리에 기록된 재앙들을 그에게 더하실 것이요 만일 누구든지 이 두루마리의 예언의 말씀에서 제하여 버리면 하나님이 이 두루마리에 기록된 생명나무와 및 거룩한 성에 참여함을 제하여 버리시리라. (계 22:18-19)

하나님의 모든 계시의 말씀은 이미 66권으로 완성되었다. 따라서 우리가 할 일은 그 안에 담긴 진리의 내용을 더하거나 빼지 말고 객관적으로 깨달아 가는 일이다.

정경에 대한 현대의 도전

오늘날까지도 사탄은 성경의 무오성(Inerrancy)과 완전성(Completeness)에 대해 끊임없이 도전하면서 사람들을 미혹하고 있다. 여기에는 다양한 예가 있는데, 그중 대표적인 것이 바로 도마의 복음서(The Gospel of Thomas)다. 도마의 복음서 끝에는 이런 내용이 들어 있다.

> 시몬 베드로가 그들에게 이르기를 "마리아는 우리로부터 떠나게 하라. 여자들은 영생을 얻을 가치가 없도다." 이에 예수께서 이르시되 "보라 내가 마리아를 인도하리라. 내가 그녀를 남자로 만들리라. 그리하여서 그녀 또한 살아 있는 영이 될 것이며 너희 남자들과 같이 되리라. 이와 같이 스스로 남자가 되는 모든 여자에게는 천국에 들어감이 주어지리라.

이 얼마나 황당하고 그 당시의 남성 우월주의를 반영한 우매한 소설과 같은 글인가?

성경의 네 가지 특징

권위

성경은 하나님 말씀으로서의 권위(Authority)를 지니고 있다. 따라서 말씀에 순종함이 하나님께 순종함이며, 말씀을 거스르는 것은 곧 하나님을 거스르는 것이다. 또한 말씀을 제대로 가르치고 배우는 것이 하나님을 바로 전하는 길이며, 반대로 말씀을 왜곡하고 인간의 생각과 욕심대로 가르치고 배우는 것은 하나님의 영광을 가리는 길이다.

명확성

거듭난 자라면 누구라도 성령의 도우심을 받아 분명히 성경의 의미를 깨달을 수 있다. 성도들은 말씀을 통해 주어지는 가르침이 성경적인지 아닌지를 분별하는 능력을 가지고 있다. 바로 성령의 내주하심 때문이다.

필요성

성경을 통하지 않고는 하나님을 제대로 알 수 없고, 구원의 길을 아는 것 또한 불가능하다. 인간이 하나님을 알고, 그분이 주신 복음의 은혜와 진리를 깨닫기 위해서는 반드시 성경을 알아야 한다. 한편 인간은 어떻게 사는 것이 올바른지를 스스로 깨우칠 수도 없다. 오직 성경만이 그 길을 보여 줄 수 있다.

충분성

성경에는 구원받은 하나님의 백성들이 살아가면서 알아야 할 모든 지식이 들어 있다. 이 말은 우리가 삶을 살아가는 데 필요한 하나님의 인도하심이나 지혜, 그리고 분별력을 얻을 수 있는 통로가 바로 성경이라는 뜻이다. 성경에는 하나님을 믿고 그분의 은혜와 평강 가운데서 살아가는 데 필요한 모든 지식과 지혜가 충분히 들어 있다.

관련 및 적용 질문들

❶ 일반계시와 특별계시를 설명하라.

❷ 정경과 외경을 바탕으로 로마가톨릭과 개신교의 차이를 논하라.

❸ 성경을 통하지 않고 하나님의 특별한 계시를 구하려는 모습은 어떤 형태며 그런 것을 추구하는 사람의 신앙생활은 어떤 특징과 위험을 내포하고 있는가?

❹ 이 장을 통해 말씀에 대한 자신의 인식 변화나 도전이 있었다면 어떤 것인가?

03

하나님의 속성

하나님에 대한 관심이 진정한 신앙의 척도

기독교 신앙은 하나님에 관한 것이다. 물론 기독교는 인간에게 주어진 하나님의 은혜와 구원의 복에 관한 것이기도 하다. 하지만 근본적으로 그리고 궁극적으로 이 세상에 존재하는 만물의 근원과 목적은 모두 하나님에 관한 것이다. 이러한 관점으로 볼 때, 오늘날 적지 않은 사람들의 신앙생활은 너무나 불균형적이고 올바르지 못하다. 왜냐하면 많은 사람의 신앙생활이 대부분 '어떻게 하면 내 삶이 더 평안할까? 내가 원하는 것들을 더 이룰 수 있을까?'에 초점이 맞춰져 있기 때문이다. 그러다 보니 많은 기독교인이 하나님에 대한 관심보다 하나님이 나를 위해 하실 일에 신경을 쏟으며 신앙생활을 한다. 하지만 하나님에 대한 관심과 지식 없이 성경적인 신앙생활을 한다는 것은 어불성설이다. 신앙생활의 핵심은 하나님을 알아 가고 닮아 가는 데 있기 때문이다. 그런데 어떻게 하나님을 모르면서 올바른 신앙생활을 해 나갈 수 있다는 말인가? 오늘날 교인들의 가장 커다란 문제는 하나님이 누구신지에 대한 충만하고 깊은 깨달음이 없다는 사실이다. 그 결과 많은 사람이 비뚤어진 신앙관을 가지고 여러 종류의 영적인 문제에 봉착해서 살아간다. 진정한 신앙생활은 하나님을 아는 것과 자신을 알아 가는 것의 조화 가운데 이루어진다.

하나님을 알아 간다는 것은?

우리가 하나님을 안다거나 알아 간다고 말할 때는 크게 두 가지 의미를 내포한다. 첫째, 하나님이 인간에게 베푸신 은혜와 복을 알아 가는 것이다. 하나님이 죄인을 사랑하셔서 당신의 아들을 주심으로써 베푸신 구원의 은혜와 복이 어떤 것이며 어떤 의미가 있는지 아는 만큼 하나님을 아는 것이다. 둘째, 더 본질적으로 하나님의 성품이나 능력, 특징들을 알아 가는 것이다. 이것은 자신과의 관계 속에 비치는 하나님의 모습보다 더 근원적인 하나님의 모습을 의미한다. 다시 말해 본질적인 존재로서의 하나님은 어떤 분인지 알아 가는 것이다. 우리는 이 두 가지 경로 모두를 통해 하나님을 알아 가야 한다. 특별히 이번 장에서는 본질적인 존재로서의 하나님에 관하여 알아보려고 한다. 사실 본질적인 존재로서의 하나님을 알게 되면 하나님과의 관계도 훨씬 단단해질 수 있다.

하나님의 속성

하나님의 속성이란 하나님의 존재적인 능력과 성품, 그리고 특징에 관한 것을 의미한다. 이러한 하나님의 속성은 성경이 전하는 가장 핵심적인 진리 중 하나다. 어떤 사람들은 자신이 생각하는 하나님의 특징과 성품에 대해 아주 강한 주관적 인식을 가지고 신앙생활을 해 나간다. 하지만 성경의 객관적 진리에 근거하지 않은 하나님에 대한 인식은 불안정하고 오류가 많을 수밖에 없다. 이는 자칫 잘못하면 '내가복음'식의 신앙생활로 연결될 위험이 있다. 따라서 우리는 성경을 통해 하나님을 알아 가야 하는데, 성경은 이 세상을 창조하시고 죄인을 구원하시는 하나님의 여러 속성을 알려 준다. 하나님의 속성에는 크게 두 가지 종류가 있다. 하나는 '비공유적 속성'이고, 다른 하나는 '공유적 속성'이다. 비공유적 속성이란 하나님의 속성 가운데 인간이 도저히 흉내 내거나 따라 할 수 없는 것들을 말한다. 반대로 공유적 속성이란, 비록 하나님과는 엄청난 차이가 있지만, 인간이 따라 하거나 닮아 갈 수 있는 속성을 말한다.

비공유적 속성

앞에서도 말했듯이 비공유적 속성이란 하나님의 속성들 가운데 인간과 공유할 수 없는 하나님만의 고유한 속성을 말한다. 이 하나님의 비공유적 속성은 인간이 이해하는 데 한계가 있을 수밖에 없는 부분들이다. 왜냐하면 이 부분은 인간이 가지고 있지도 않고 닮을 수도 없는, 온전히 하나님만의 영역이기 때문이다.

자존하심

하나님은 스스로 계신 분이다. 누군가에 의해 만들어진 분이 아니다. 하나님은 시작도 없고 끝도 없으시며, 어느 누구의 도움 없이 스스로 영원히 계신 분이다. 또한 하나님은 시간을 초월해서 존재하시는 분이다. 영원이란 시간의 끝이 없다는 개념이 아니라 시간을 초월한 상태를 의미한다.

불변하심

불변하심은 하나님의 자존하심과 연결된 속성이다. 하나님은 그 존재와 속성에 변함이 없는 분이다. 인간은 시간이 흐름에 따라 모습도 달라지고 생각이나 행동도 달라지지만, 하나님은 영원토록 변함이 없는 분이다. 어떤 신학자들은 구약의 하나님보다 신약의 하나님이 더 사랑이 많은 분이라고 말하지만, 이것은 잘못된 시각이다. 하나님은 시간이 지남에 따라 성숙해지거나 변하는 분이 아니다.

전능하심

하나님에게는 불가능한 일이 존재할 수 없다. 하나님은 모든 것을 그리고 어떤 것도 하실 수 있는 분이다. 하지만 이 말이 하나님은 어떤 일이라도 하신다는 의미는 아니다. 하나님은 어떤 일이라도 하실 수 있지만, 당신의 속성에 어긋나는 일은 하시지 않는다. 하나님은 정의나 사랑 그리고 진리에 어긋나는 일은 하시지 않는다.

전지하심

하나님은 모든 것을 아신다. 하나님은 우주의 모든 것에 관한 모든 지식을 가지고 있는 분이다. 따라서 하나님은 우리 각자에 관한 모든 것을 아주 세세히 아신다. 시편 기자는 다음과 같이 자신에 대한 하나님의 전지하심을 노래한다.

> 주께서 내가 앉고 일어섬을 아시고 멀리서도 나의 생각을 밝히 아시오며 나의 모든 길과 내가 눕는 것을 살펴보셨으므로 나의 모든 행위를 익히 아시오니 여호와여 내 혀의 말을 알지 못하시는 것이 하나도 없으시니이다. (시 139:2-4)

무소부재하심

하나님은 우주 공간의 어떤 곳에라도 동시에 계시는 분이다. 하나님은 특정 장소에만 계시는 분이 아니다. 하나님이 계시지 않는 곳은 없다. 하나님이 무소부재하실 수 있는 이유는 하나님이 영이시기 때문이다. 하나님의 무소부재하심을 나타내는 구절 중 하나를 살펴보자.

> 내가 주의 영을 떠나 어디로 가며 주의 앞에서 어디로 피하리이까 내가 하늘에 올라갈지라도 거기 계시며 스올에 내 자리를 펼지라도 거기 계시니이다 내가 새벽 날개를 치며 바다 끝에 가서 거주할지라도 거기서도 주의 손이 나를 인도하시며 주의 오른손이 나를 붙드시리이다. (시 139:7-10)

공유적 속성

공유적 속성이란 하나님의 속성들 가운데 비록 제한적이기는 하지만 인간이 따라 하거나 닮을 수 있는 것들을 의미한다. 이렇듯 하나님의 속성 가운데 부분적이나마 인간만 닮을 수 있는 이유는 하나님이 당신의 형상을 따라 인간을 만드셨기 때문이다(창 1:26-27). 인간이 하나님의 형상을 따라 만들어졌다는 것은 외적인 모습이 아니라 내적인 속성에서 하나님과 닮은 부분이 있다는 의미다. 바꿔 말하면, 인간의 모습에서 하나님 속성의 흔적을 볼 수 있다. 하나님의 공유적 속성 가운데 몇 가지를 살펴보자.

영적 존재

성경은 하나님이 영이시라고 말한다(요 4:24). 인간도 본질상 영혼을 지닌 존재다. 사실 인간은 단순히 영혼을 지닌 존재가 아니라 영혼이 인간의 본질이다. 육신을 가지고 있지만 본질은 영적인 존재인 것이 인간이다. 영적인 존재라는 말은 소멸되지 않는 존재임을 의미한다.

지식과 언어

인간이 언어라는 매개체를 통해 논리적으로 사고하고 지식을 축적할 수 있는 것은 언어와 논리적 사고가 하나님의 속성이며 지식 또한 하나님의 속성이기 때문이다. 진정한 논리는 하나님의 선물이며, 이는 인간이 하나님을 논리적으로도 깨우쳐 갈 수 있음을 의미한다. 물론 지식적이고 논리적인 깨우침이 하나님을 알 수 있는 유일한 통로는 아니다. 하나님은 신비로운 분이기 때문에 인간의 논리와 지식의 한계를 훨씬 뛰어넘으신다. 하지만 이러한 신비의 영역이 성경적인 논리와 지식을 거스르는 것은 아니다. 오히려 성경적인 논리와 지식은 신비의 영역에 대한 올바른 분별력과 깨우침에 도움이 된다. 언어, 즉 말씀을 통한 논리적 지식의 전달은 하나님이 자신을 인간에게 알려 주시는 가장 분명하고 확실한 통로다.

지혜

하나님의 지혜란 지적인 능력과 도덕성이 함께하는 경우다. 하나님의 지혜는 그분의 선하고 놀라운 계획을 그분의 무한하신 지적 능력을 통해 이루어 가심으로써 나타난다. 또한 하나님의 지혜는 그분의 완전하신 도덕성의 범위 안에서 역사한다. 만일 하나님이 지혜로우시지만 도덕적인 결함을 가지고 계시다면, 그 지혜는 선한 결과를 만들어 내지 못할 것이다. 또한 하나님의 지혜는 그분의 전능하심과도 관련이 있다. 만일 하나님이 지혜로우시지만 전능하시지 못하다면, 그분의 지혜는 다 실행되지 못할 것이다. 하지만 하나님은 지혜로우신 동시에 전지하시고 전능하시기 때문에, 한 치의 실수나 실패도 없이 그분의 지혜로운 계획을 이루어 가신다. 한편 인간이 하나님의 지혜를 닮아 갈 수는 있지만, 하나님의 지혜를 속속들이 꿰뚫어 알 수는 없다. 인간이 하나님의 지혜를 닮아 갈 수 있는 길은 바로 말씀의 깨달음을 통해서다. 또한 알 수 없는 일들, 특히 미래의 일에 관해서는 하나님의 지혜에 맡기며 살아가는 것이 중요한 지혜다. 우리는 종종 우리 앞에 일어나는 예상치 못한 일에 당황하며 때로 괴로워한다. 하지만 한 가지 분명한 사실은 우리가 혼돈과 혼란 가운데 놓였을지라도 하나님은 자신의 놀라우시고 선하신 지혜를 따라 우리를 자신이 계획하신 가장 선하신 길로 인도하신다는 것이다.

사랑

하나님은 사랑이시다(요일 4:8, 16). 하나님은 죄와 사망 가운데 멸망의 길을 가고 있는 죄인들의 구원을 위해 당신의 가장 소중한 외아들을 아낌없이 내어 주셨다(요 3:16). 이와 같이 하나님의 사랑이란 상대의 유익과 선을 위해 자신의 가장 귀한 것을 아낌없이 내어 주시는 것이다. 또한 하나님은 가장 사랑하시는 아들 예수 그리스도를 통해 구원을 얻은 당신의 모든 자녀를 사랑하신다. 우리가 하나님께 사랑받는다는 사실을 자주 느끼지 못하고 확신하지 못하더라도, 그리스도 안에서 당신의 자녀를 향한 하나님의 사랑의 온도는 늘 일정하다. 이것은 하나님의 또 다른 속성인 불변하심과도 깊은 연관이 있다.

은혜

하나님의 은혜란 하나님으로부터 받을 자격이 전혀 없는 우리 죄인들에게 풍성하게 베푸시는 하나님의 호의를 말한다. 이것은 우리의 노력에 따른 것이 아니라 하나님이 우리에게 선물로 거저 주시는 것이다(엡 2:8-9). 하나님은 그러실 의무가 없으면서도 받을 자격이 전혀 없는 죄인들에게 당신의 자녀가 되는 구원의 은혜를 베푸셨다. 그러므로 은혜는 앞뒤를 재지 않는 믿음으로만 받아들일 수 있다.

긍휼

긍휼은 자신의 죄로 말미암아 곤경과 비탄에 빠진 자들을 향한 하나님의 불쌍히 여기심과 도와주심을 의미한다. 인간은 자신의 죄로 인해 하나님의 심판과 징벌을 받아야 마땅하지만, 하나님은 오히려 용서와 받아주심의 은혜를 베푸셨다. 즉, 긍휼이란 하나님이 인간에게 자신의 죄와 허물 때문에 마땅히 받아야 할 벌과 고통 대신 자비와 은혜를 베풀어 주시는 것이다.

공의

하나님의 공의란 하나님이 절대로 죄를 용납하지 아니하시고, 항상 옳은 것에 따라 움직이심을 뜻한다. 공의의 하나님은 죄를 용납하실 수 없을 뿐 아니라 그냥 두실 수도 없다. 공의의 하나님은 모든 죄에 대해 합당한 책임을 물으시고, 반드시 그에 상응하는 처벌을 내리셔야 한다. 바로 이 공의 때문에 하나님은 죄인들을 그냥 용서하실 수 없으셨고, 당신의 아들이 대신 벌을 받게 하셨다. 이렇게 하나님은 당신의 공의를 이루셨다

이상의 예에서 보듯, 하나님의 공유적 속성은 인간도 닮아 가며 따라 할 수 있는 것들이다. 물론 하나님처럼 완벽할 수는 없지만, 우리에게는 하나님이 주신 은혜에 따라 하나님의 속성들을 공유할 수 있는 길이 열려 있다.

관련 및 적용 질문들

❶ 이 장에서 열거한 하나님의 속성들 가운데 자신에게 특별히 다가온 속성 하나를 나누고 왜 특별히 다가왔는지 이야기해 보자.

❷ 하나님의 속성들을 아는 것과 신앙의 올바름과 단단함은 어떤 관계가 있다고 생각하는가? 그냥 교회생활만 열심히 하면 신앙생활에는 문제가 없는 것인가?

❸ 하나님의 본질과 속성에 대해 무관심하면서 자신의 삶에 대해서만 지나치게 관심을 가지는 신앙생활에는 어떤 문제점들이 나타날까?

❹ 하나님의 속성과 우리 구원의 관계를 생각해 보자. 특별히 공의와 사랑의 관점에서 복음을 설명해 보자.

04

삼위일체

삼위일체란?

삼위일체는 영어로 "Trinity"라고 하는데, 이것은 "Tri"와 "Uni\-ty"의 합성어다. 즉 삼위일체란 세 인격(three persons)을 지니신 하나님이 한 분 하나님으로 계시다는 뜻이다. 풀어 설명하면, 성부 하나님, 성자 하나님, 성령 하나님은 본질상 한 분이시지만 아버지와 아들 그리고 성령의 세 인격체로 계신다는 뜻이다. 이 삼위일체라는 표현은 성경에 나오지 않지만, 하나님이 삼위일체의 하나님이라는 사실은 성경을 통해서 분명히 그리고 충분히 알 수 있다. 어느 누구도 이 삼위일체 하나님에 대해 정확하게 이해하지는 못한다. 인간의 제한된 사고 능력으로 어떻게 본질상 한 분이시면서 동시에 세 인격으로 존재하시는 것인지를 다 이해할 수 있겠는가? 이 문제와 관련해서는 하나님의 존재에 관한 신비의 영역이 있음을 인정할 수밖에 없을 것이다. 성경의 진리를 바탕으로 삼위일체의 하나님을 제대로 아는 것은 아주 중요한 일이다. 왜냐하면 하나님이 인간의 구원을 이루어 가실 때 삼위께서 어떻게 각자의 역할을 하시는지 제대로 알아야 하나님의 구원 역사를 올바로 이해할 수 있기 때문이다. 또 역사 속에서 많은 이단이 삼위일체의 하나님을 왜곡함으로써 출현했기 때문이다. 삼위일체 교리를 제대로 모르면 이단의 잘못된 가르침을 분별할 수가 없다.

삼위일체에 관한 성경의 말씀들

앞에서도 말했듯이 성경은 하나님이 한 분이지만 동시에 세 인격으로 계시다는 사실을 여러 군데에서 알려 준다. 그중 대표적인 구절을 몇 군데 살펴보면 좋겠다.

하나님의 유일하심

> 이스라엘아 들으라 우리 하나님 여호와는 오직 유일한 여호와이시니.
>
> (신 6:4)

세 인격

> 하나님이 이르시되 우리의 형상을 따라 우리의 모양대로 우리가 사람을 만들고…. (창 1:26)

> 자, 우리가 내려가서 거기서 그들의 언어를 혼잡하게 하여 그들이 서로 알아

듣지 못하게 하자 하시고. (창 11:7)

그러므로 너희는 가서 모든 민족을 제자로 삼아 아버지와 아들과 성령의 이름으로 세례를 베풀고. (마 28:19)

세 분의 하나 되심

그들이 반역하여 주의 성령을 근심하게 하였으므로 그가 돌이켜 그들의 대적이 되사 친히 그들을 치셨더니. (사 63:10)

빌립이 이르되 주여 아버지를 우리에게 보여 주옵소서 그리하면 족하겠나이다. 예수께서 이르시되 내가 이렇게 오래 너희와 함께 있으되 네가 나를 알지 못하느냐. 나를 본 자는 아버지를 보았거늘 어찌하여 아버지를 보이라 하느냐. (요 14:8-9)

나와 아버지는 하나이니라 하신대 유대인들이 다시 돌을 들어 치려 하거늘. (요 10:30-31)

예수께서 또 이르시되 평강이 너희에게 있을지어다…이 말씀을 하시고 그들을 향하사 숨을 내쉬며 이르시되 성령을 받으라. (요 20:21-22)

…우리가 참된 자 곧 그의 아들 예수 그리스도 안에 있는 것이니 그는 참 하나님이시요 영생이시라. (요일 5:20)

삼위일체를 깨닫지 못한 유대인들

고대 사회는 대부분의 민족이 여러 신을 숭배하는 다신숭배 문화였다. 하지만 유대인들은 십계명을 통해 하나님 한 분만을 섬기도록 철저한 가르침을 받았다. 이러한 유일신 사상을 가졌던 유대인들은 예수 그리스도께서 당신과 하나님이 같다고 가르치신 것에 매우 분개했다. "어떻게 한 분 하나님이 하늘에도 계시고 땅에도 계실 수 있다는 말인가?"라고 그들은 의아해하고 분개했다(요 10:30-31). 사실 유대인들이 성경을 제대로 연구했더라면 하나님이 한 분이시지만 삼위의 하나님이신 것도 알 수 있었을 것이다.

삼위일체에 대한 잘못된 가르침들

기독교 역사 속에서 삼위일체 교리만큼 이단들의 도전을 많이 받은 진리도 드물 것이다. 수많은 이단이 삼위일체의 하나님을 왜곡하려 했다. 이러한 이단들의 그릇된 논리와 가르침은 결국 구원의 진리를 흔들려는 사탄의 계략과도 연결되어 있다.

아리우스주의

아리우스주의(Arianism)란 알렉산드리아의 주교였던 아리우스로부터 나왔다. 그의 가르침은 서기 325년 니케아 종교회의에서 이단으로 규정되었다. 아리우스는 예수님이 모든 피조물 중 으뜸이긴 하지만, 예수님도 결국은 하나님에 의해 창조된 피조물이라고 주장했다. 그의 주장은 예수 그리스도가 "모든 피조물보다 먼저 나신 이시니"(골 1:15)와 같은 성경의 구절들에서 비롯되었다. 이 말씀의 원래 의미는 그리스도가 하나님에 의해 가장 먼저 창조되셨다는 말이 아니라 모든 피조물의 우두머리가 되신다는 말이다. 예수 그리스도는 분명히 하나님과 동등하시며 만물의 창조주가 되신다. 성경은 예수 그리스도의 신성에 관하여 여러 곳에서 분명히 전하고 있다. 그중 한 군데를 살펴보자. "이 모든 날 마지막에는 아들을 통하여 우리에게 말씀하셨으니 이 아들을 만유의 상속자로 세우시고 또 그로 말미암아 모든 세계를 지으셨느니라. 이는 하나님의 영광의 광채시요 그 본체의 형상이시라"(히 1:2-3a).

아리우스주의는 한때 엄청난 규모로 커졌으나 차츰 그 세력이 약화되었다. 이들은 예수 그리스도의 신성을 부인함으로써, 하나님의 온전한 의를 지니신 그리스도께서 인간의 죄를 대신해 죽으셨다는 복음의 진리를 거역하는 결과를 초래했다. 그들은 그리스도의 신성을 부인했고, 그로 인해 그리스도를 하나님으로서 절대 의를 지니신 존재라기보다 모든 피조물의 모범이 되며 인간이 닮도록 노력해야 할 모델로 전락시켰다. 따라서 구원을 완전한 하나님의 의를 지니신 예수 그리스도의 십자가를 통해서가 아니라 예수님을 닮으려고 노력하는 인간의 종교적이고 율법적인 행위에 의해 결정되는 것으로 가르쳐 사람들을 사망의 길로 인도했다.

성자종속론

아리우스주의가 성자 하나님이 피조물이라고 주장하면서 그리스도의 신성을 부인한 것에 반해 성자종속론(Surbodinationism)은 그리스도의 신성은 인정하면서도 그리스도와 성부 하나님의 관계가 완전한 동등 관계가 아니라 다소 열등한 관계라고 주장했다. 이 주장은 그리스도께서 성부 하나님과 모든 면에서 동등하심을 부인하는 것이다. 비록 역할적인 면에서는 종속적인 부분이 있지만, 그 존재와 영광의 측면에 있어서 그리스도는 하나님과 완전히 동등하시다.

양태론

양태론(Modalism)은 한 분 하나님이 세 가지 형태로 우리에게 나타나신다는 주장이다. 예를 들어, 하나님이 구약에서는 성부 하나님으로 나타나셨고, 신약의 복음서에서는 성자 하나님으로 나타나셨으며, 사도행전의 오순절 이후에는 성령 하나님으로 나타나셨다는 주장이다.

성령님은 인격체가 아니라 어떤 힘이다

이러한 주장은 성령님이 하나님의 한 인격체라는 사실을 부인하고, 하나님께서 인간에게 주시는 어떤 에너지나 능력이라고 믿는 것이다. 성령님이 하나님의 능력을 지니고 계신 것은 분명하다. 하지만 성령님은 어떤 에너지나 힘이 아니라 삼위의 한 분으로서 인격을 지니고 계신 분이다. "하나님의 성령을 근심하게 하지 말라. 그 안에서 너희가 구원의 날까지 인치심을 받았느니라"(엡 4:30)라는 말씀처럼, 성령님은 근심하시기도 하고 기뻐하시기도 하는 인격체이시다.

구원에 있어서 각각의 삼위께서 하신 일

성부 하나님과 성자 하나님 그리고 성령 하나님은 한 분이지만, 구원에 관해서는 각자 고유한 역할을 담당하신다. 성부 하나님은 창세전에 구원을 계획하셨으며, 성자 하나님은 성부 하나님의 계획에 따라 이 땅에 오셔서 죽기까지 순종하심으로 구원을 이루셨다. 그리고 성령 하나님은 이 구원의 은혜를 죄인들이 깨닫고 받아들이도록 하신다(참조. 엡 1:3-14).

삼위일체 하나님을 대할 때 어떻게 적용해야 할까?

그리스도인은 신앙생활을 할 때 삼위일체의 각 위께서 이루신 일들을 제대로 알고 하나님께 나아가야 한다. 거룩하신 성부 하나님께 죄인인 우리가 거리낌 없이 다가갈 수 있는 것은 바로 성자 하나님이신 예수 그리스도의 의로우심을 힘입었기 때문이다(히 4:14-16). 또한 성령 하나님은 우리 안에 내주하시며, 우리와 함께하시고 진리를 가르치신다. 말씀을 읽을 때는 모르는 부분을 성령 하나님이 깨닫게 해주실 거라 기대하고 의지하는 마음으로 기도해야 한다. 더불어 우리는 삼위 하나님의 모습 속에서 왜 하나님이 서로 하나가 되는 것을 원하시고 기뻐하시는지 엿볼 수 있어야 한다. 성부 하나님, 성자 하나님 그리고 성령 하나님이 각각의 인격과 역할은 다르지만 언제나 그리고 영원히 한 분 하나님이심을 볼 때, 우리도 공동체 안에서 서로 다르지만 하나가 되는 것이 하나님을 닮아 가는 삶이고 하나님을 기쁘시게 하는 것임을 알고 그렇게 살아가도록 힘써야 한다.

관련 및 적용 질문들

❶ 삼위일체를 정의해 보자.

❷ 아리우스주의와 비슷한 이단은 오늘날 어떤 집단인가?

❸ 이번 장을 공부하면서 신앙생활에서 성령 하나님의 역할과 우리의 태도에 대해 어떤 깨달음을 얻었는가?

❹ 삼위일체 하나님은 세 인격이 완전한 하나이심을 알려 주신다. 교회 안에서 서로 다른 사람들이 모여서 한 몸을 이루도록 하신 주님의 뜻을 생각해 보자.

05

창조

하나님이 세상을 창조하셨다는 사실은 받아들이기가 쉽지 않고 의문을 불러일으킬 때가 있다. 따라서 인간이 창조에 관해 궁금한 것은 당연한 일이다. 그렇다면 우리가 창조에 대해 갖는 의문에는 어떤 것들이 있을까? 대표적인 것을 몇 개만 추려 보자.

하나님은 한꺼번에 모든 식물과 동물들을 창조하셨을까? 아니면 단순한 동식물들을 창조하신 후에 좀 더 복잡한 동식물들을 창조하시는 식으로 단계적인 창조를 하셨을까?

창세기의 6일 창조는 문자 그대로 24시간을 하루로 하는 6일간의 창조였을까? 아니면 그 하루는 상징적인 것이고, 실제 창조는 훨씬 더 오랜 세월 동안 이루어진 것일까?

지구와 우주는 성경의 역사와 비슷한 나이를 지닌 것일까? 아니면 그보다 훨씬 오래된 것일까?

인류의 역사는 얼마나 된 것일까? 성경을 유추해 보면 1만 년도 채 안 되는 것 같은데, 어떻게 과학자들은 수백만 년 전의 인류 화석이 있음을 주장하는 것일까?

하나님의 창조에는 일정한 특징이 있다. 그 특징을 살펴보자.

모든 것을 무에서부터 창조하심

이것은 하나님의 창조 이전에는 지금 있는 모든 것이 어떤 형태로도 존재하지 않았음을 의미한다. 성경은 하나님이 무에서 모든 것을 창조하셨음을 알려 주는데, 그중 한 군데를 살펴보자. "그가 믿은 바 하나님은 죽은 자를 살리시며 없는 것을 있는 것으로 부르시는 이시니라"(롬 4:17b). 하나님이 말씀의 능력으로 창조하셨을 때, 이전에는 없던 것들이 실제로 존재하게 되었다.

보이는 세상과 보이지 않는 세상을 함께 창조하심

하나님의 창조는 인간의 눈에 보이는 세상과 보이지 않는 영적인 세상을 포함한다. 골로새서 1:16에 이르기를, "만물이 그에게서 창조되되 하늘과 땅에서 보이는 것들과 보이지 않는 것들과 혹은 왕권들이나 주권들이나 통치자들이나 권세들이나 만물이 다 그로 말미암고 그를 위하여 창조되었고"라고 했다. 우리는 하나님의 창조를 생각할 때 주로 눈에 보이는 세상만 생각하지만, 하나님의 창조는 분명히 눈에 보이지 않는 세상도 포함한다.

창조는 삼위일체 하나님이 이루신 것

창조는 성부 하나님과 성자 하나님 그리고 성령 하나님, 즉 삼위일체 하나님이 함께 이루신 일이다. 성경의 가장 처음 내용이 바로 여기에 관한 것이다. "태초에 하나님이 천지를 창조하시니라. 땅이 혼돈하고 공허하며 흑암이 깊음 위에 있고 하나님의 영은 수면 위에 운행하시니라. 하나님이 이르시되 빛이 있으라 하시니 빛이 있었고"(창 1:1-3). 여기에서 보듯 태초의 창조 현장에는 하나님과 그분의 영, 그리고 말씀이 함께하셨다. 요한복음 1:14은 이 말씀이 육신이 되어 이 땅에 오신 분이 바로 하나님의 아들 예수 그리스도라고 말하고 있다. 또 하나님은 사람도 당신의 형상, 즉 삼위일체의 형상을 따라 지으셨다. "하나님이 이르시되 우리의 형상을 따라 우리의 모양대로 우리가 사람을 만들고"(창 1:26a). 이와 같이 하나님의 창조는 삼위일체 하나님의 세 인격이 함께 이루신 역사다.

시간의 창조

하나님의 창조는 시간의 창조를 포함한다. 그래서 하나님의 창조로 역사가 시작되었다. 지금 우리 눈에 보이는 세상은 시간의 개념에 지배당하는 한시적인 세상이다. 이 시간에 갇힌 눈에 보이는 세상을 벗어난 영원한 세상이란, 시간이 끝이 없는 세상이 아니라 시간이 존재하지 않는 세상이다. 시편 90:2은 "산이 생기기 전, 땅과 세계도 주께서 조성하시기 전 곧 영원부터 영원까지 주는 하나님이시니이다"라고 했다. 이 "영원부터 영원까지"란 시간을 초월하는 개념이다.

하나님이 세상을 창조하신 목적은 무엇일까? 이 주제를 생각하기 전에 먼저 하나님이 어떤 분인가를 생각해야 한다. 오늘날 인간을 중심으로 한 인본주의적 세계관에 둘러싸여 하나님 중심의 세상을 받아들이는 데 익숙하지 않은 사람이 많다. 하지만 하나님이 세상을 창조하신 이유와 목적, 즉 그분이 지으신 세상 모든 피조물의 존재 목적은 바로 하나님의 영광을 드러내는 것이다. 이에 관한 성경 말씀들을 살펴보자.

> 하늘이 하나님의 영광을 선포하고 궁창이 그의 손으로 하신 일을 나타내는도다. (시 19:1)

> 내 이름으로 불려지는 모든 자 곧 내가 내 영광을 위하여 창조한 자를 오게 하라. 그를 내가 지었고 그를 내가 만들었느니라. (사 43:7)

> 우리 주 하나님이여 영광과 존귀와 권능을 받으시는 것이 합당하오니 주께서 만물을 지으신지라. 만물이 주의 뜻대로 있었고 또 지으심을 받았나이다 하더라. (계 4:11)

하나님은 창조를 통해 당신의 위대한 능력과 지혜를 나타내셨다. 또한 창조의 오묘함과 질서, 그리고 아름다움으로 당신의 뛰어나신 손길과 미적 감각을 보여 주신다. 우리는 창조를 통해 하나님이 누구보다 위대하신 분이고 그 어떤 피조물과도 비교할 수 없는 지혜와 미적 감각의 소유자이심을 알 수 있다. 세상의 과학자나 의사들은 각자의 발견을 통해 창조의 신비를 조금씩 알아갈 뿐이다.

창조에 대한 창세기 1장의 신학과 과학의 조화

창세기 1장은 하나님이 6일에 걸쳐 하늘과 땅과 그 사이의 모든 것을 창조하셨다고 알려 준다. 그런데 이 6일이 문자 그대로 하루 24시간의 6일인지 상징적인 6일인지에 대해서는 학자들마다 조금씩 의견이 다르다. 왜냐하면 이 창세기 1장의 6일을 문자 그대로 받아들이는 것은 과학자들이 주장하는 수십억 년 이상 된 지구의 나이와 조화가 되질 않기 때문이다. 17세기 초 아일랜드의 대주교였던 제임스 어셔(James Ussher)는 성경 인물들의 연대를 자세히 연구하고 종합해서 아담이 기원전 4004년에 태어났으며, 그 때가 하나님이 세상을 창조하신 연대라고 발표했다. 하지만 구약의 족보에는 모든 세대가 나오는 것이 아니기 때문에 실제 인류의 역사는 이보다 길 것으로 추정된다. 한 가지 거의 확실한 것은 아브라함의 시대가 기원전 2,000년경이라는 점이다. 이것은 당시의 장소와 왕들의 이름을 사료와 비교하여 이미 상당부분 증명된 사실이다. 하지만 여전히 성경 연구를 통해 추정되는 지구와 인류의 역사와 과학자들이 주장하는 연대는 상당한 차이를 보인다. 다양한 지질학적 연대 측정에 의한 결과와 고대 인류의 화석을 토대로 과학자들이 주장하는 지구와 인류의 역사는 성경의 그것보다 훨씬 길다. 그러나 우리가 과학적 사실을 정확하게 알 수 있고 또 성경의 창조 비밀을 자세하게 알 수 있다면, 성경과 과학 사이의 차이나 모순은 존재할 수 없을 것이다. 지금은 많은 부분이 의문과 추측으로 남아 있지만, 하나님이 다 알려 주실 날이 언젠가 올 것이다. 그렇지만 지금까지 알려진 사실이나 이론을 통해 성경과 과학의 역사가 왜 크게 차이 나는지를 추측해 보는 것은 어느 정도 도움이 될 것이다. 그렇다면 오늘날 설득력 있는 주장을 하나씩 살펴보자.

1) 창세기 1장의 1절과 2절 그리고 3절 사이에 아주 긴 시간의 차이가 존재한다.
2) 창세기 1장의 하루는 문자 그대로의 하루가 아니라 오랜 시간을 상징적으로 표현한 것이다.
3) 하나님은 이미 성숙한 상태의 지구와 우주를 창조하셨다. 아담이 이미 다 자란 어른으로 창조된 것처럼, 지구도 이미 성숙한 나이를 먹은 상태로 창조되었다.
4) 노아의 홍수가 지질학적인 데이터에 막대한 영향을 주었을 것이다.
5) 과학자들의 연대 측정 방법과 그 추정을 전적으로 신뢰할 수는 없다.

창세기 1장의 창조에 관한 대표적인 두 가지 해석

창세기 1장에 나타난 하나님의 창조를 이해하는 대표적인 두 가지 해석이 있다. 첫째는 "문자적 해석"이고 둘째는 "골격 해석"이다.

문자적 해석

말 그대로 하나님이 24시간을 하루로 하는 6일 동안 창조를 완성하시고 제7일에 안식하셨다는 해석이다. 이 해석은 하나님이 창조와 더불어 시간과 날을 정하셨으며, 말 그대로 6일 동안 모든 피조물을 창조하셨음을 믿는 것이다. 이 주장의 근거로는 먼저 성경이 명시적으로 이렇게 말하고 있다는 점이다. 창세기 1장은 첫째 날부터 여섯째 날까지 순서적으로 말하고 있으며, 또 매 날마다 '저녁이 되고 아침이 되니 이는 ~째 날이니라'라는 분명하게 하루를 의미하는 표현을 사용한다. 그런데 이 주장에는 한 가지 맹점이 있다. 바로 셋째 날 식물이 창조되고 넷째 날에 가서야 해와 달과 별들이 창조되었는데, 태양에 의존하는 식물이 어떻게 태양보다 먼저 창조되었는가 하는 의문이다. 하지만 한편으로 식물은 태양빛이 없이도 하루 정도는 충분히 견딜 수 있기 때문에 큰 문제가 되지 않는다고 볼 수 있다. 또 첫째 날 만들어진 빛이 일시적으로 태양의 역할을 했을 것이라고도 본다. 이런 주장은 또 다른 의문을 낳는다. 해와 달과 별 같은 광명체들이 넷째 날 창조되었는데, 그렇다면 첫째 날의 빛의 출처는 무엇인가에 관한 의문이다. 여기에 대해서는 첫째 날의 빛을 어떤 피조물에 의한 빛이 아니라 하나님이 만드신 고유한 빛으로 보는 해석이 가능하다. 천국에는 해와 달과 별 같은 광명체들이 없지만, 하나님의 보좌로부터 나오는 영광의 빛이 낮과 밤의 구분 없이 영원히 천국을 밝힐 것이라는 사실에서 추측할 수 있다(계 21:23, 25).

골격 해석

이 해석은 창세기 1장의 6일 창조가 시간의 개념이 아니라 어떤 골격의 개념이라고 보는 견해다. 말하자면 처음 3일은 하나님이 피조물이 들어갈 골격을 만드신 것을 상징적으로 표현한 것이고 그 다음 3일 동안 하나님이 그 골격에 합당한 피조물들을 채워 넣으셨다고 보는 견해다.

골격들의 완성		각 골격에 채워 넣기	
첫째 날	빛과 어둠의 분리	넷째 날	해, 달, 별들(하늘의 광명체들)
둘째 날	하늘과 물의 분리	다섯째 날	물고기와 조류들
셋째 날	마른 땅과 바다의 분리, 식물과 나무의 창조	여섯째 날	동물과 인간

창조 교리의 적용

먼저 우리는 창조 교리를 대할 때 어떤 부분은 하나님이 좀 더 분명하게 알려 주시지만 그렇지 않고 비밀과 의문으로 남겨 두신 부분도 있음을 인정해야 한다. 이는 신명기 29:29과도 부합한다. "감추어진 일은 우리 하나님 여호와께 속하였거니와 나타난 일은 영원히 우리와 우리 자손에게 속하였나니…." 또 우리는 창조주 하나님을 인식하고 감사하는 마음을 가져야 한다. 우리가 하나님의 피조물로서 하나님이 창조하신 세상에서 그분이 창조하신 다양한 것을 누리며 살고 있기 때문이다. 우리는 음식의 다양한 맛과 자연의 아름다움을 누리고, 하나님의 신실하신 공급과 질서 아래 움직이는 우주와 자연의 섭리 가운데 생명을 유지하며 살아가고 있다. 창조 직후 하나님은 당신이 만드신 창조와 피조물들을 보며 아주 기뻐하고 흡족해하셨다. 지금 우리는 죄로 망가진 세상에서 살고 있지만, 본연의 창조는 하나님이 좋아하셨던 아름다운 모습이었다. 지금도 세상에는 여전히 하나님이 하신 창조의 아름답고 위대하며, 선하고 유익한 흔적들이 많이 남아 있다. 우리는 이를 완벽하지는 않을지라도 어느 정도 누리고 있으며, 또 천국에서 회복될 창조의 모습을 기대하며 살아가고 있다.

관련 및 적용 질문들

❶ 하나님이 창조하신 거대한 우주와 세상의 수많은 피조물을 바라볼 때 여러 분은 창조주 하나님에 대해 어떤 생각을 가지게 되는가?

❷ 하나님이 창조하신 거대한 우주와 그 안의 무수한 별과 행성을 바라보면서 여러분은 이 거대한 우주 가운데 존재하는 자신의 모습에 대해 어떤 생각 이 드는가?

❸ 문자적 해석과 골격 해석 중 여러분은 어느 쪽이 맞다고 생각하는가?

❹ 그리스도인은 일반적으로 식사를 하기 전에 하나님께 감사기도를 드린다. 창조 교리를 공부하고 난 뒤 이 식사기도에 대한 여러분의 마음가짐이 어 떻게 더 풍성해질 수 있겠는가?

06

하나님의 섭리

하나님의 섭리란?

하나님의 섭리는 하나님이 창조하신 모든 피조물에 대한 하나님의 보살피심과 관여하심, 그리고 다스리심을 의미한다. 창조가 피조물들이 존재하게 하신 하나님의 활동이라면, 섭리는 그들을 보존하고 다스리시는 하나님의 지혜로우시고 전능하시며 은혜로우신 활동이다. 이러한 하나님의 창조와 섭리를 함께 설명해 주는 구절이 있다.

우리가 그를 힘입어 살며 기동하며 존재하느니라. (행 17:28a)

하나님의 섭리의 세 가지 양상

하나님의 섭리는 보존(Preservation), 협력(Concurrence), 통치(Government)라는 세 가지 양상으로 역사한다.

보존

하나님은 당신이 창조하신 모든 피조물이 존재하게 하시며 또한 당신이 만드신 고유의 속성을 유지하게 하신다. 이것은 만물을 붙드시는 하나님의 지속적인 일이다.

> …그의 능력의 말씀으로 만물을 붙드시며…. (히 1:3)

> 오직 주는 여호와시라 하늘과 하늘들의 하늘과 일월 성신과 땅과 땅 위의 만물과 바다와 그 가운데 모든 것을 지으시고 다 보존하시오니 모든 천군이 주께 경배하나이다. (느 9:6)

하나님의 섭리 역사를 통해 우주의 질서와 계절의 변화, 밤과 낮의 질서 있는 반복, 땅에서의 수확, 인간과 동물의 종족 번식 활동, 늙은 세포가 새로운 세포로 교체되는 등 수많은 보존이 이루어진다. 어제 태양이 떠올랐기 때문에 오늘도 태양이 당연히 떠오른 것이 아니다. 하나님의 섭리 때문에 어제도 오늘도 태양이 떠오른 것이다.

협력

하나님의 섭리는 피조물의 모든 행동과 함께 그리고 동시에 작용한다. 하나님은 피조물의 모든 행위 가운데 함께 역사하시면서 당신의 섭리를 이루어 가신다. 피조물의 어떤 행위도 하나님의 섭리와 분리될 수 없다. 그러므로 세상의 모든 일은 우연도 숙명도 아니다. 모든 일은 피조물의 활동과 그 중심에서 역사하시는 하나님의 섭리가 함께 움직여 일어난다. 피조물은 각각의 속성과 목적에 따라 눈에 보이게 움직이지만, 하나님의 섭리는 눈에 보이지 않으며 은밀하게 움직인다. 하나님의 섭리가 피조물들의 행위와 함께 역사하지만, 그 주체는 여전히 하나님이다.

> 마음의 경영은 사람에게 있어도 말의 응답은 여호와께로부터 나오느니라.
>
> (잠 16:1)

비록 하나님이 모든 피조물의 생각과 행동 가운데 함께 섭리하시지만, 그렇다 해도 하나님은 피조물들이 악을 행하도록 역사하시지는 않는다. 성경 어디에도 하나님이 직접 악을 행하신다는 것을 보여 주는 구절은 없다. 다만 하나님은 피조물의 악한 생각과 행위에도 불구하고 그들 속에서 당신의 섭리를 이루어 가신다.

> 여호와께서 온갖 것을 그 쓰임에 적당하게 지으셨나니 악인도 악한 날에 적당하게 하셨느니라. (잠 16:4)

통치

하나님 섭리의 모든 움직임에는 목적이 있다. 따라서 하나님은 모든 피조물의 움직임 가운데 섭리하심을 통해 당신의 목적이 이루어지도록 인도하고 통치하신다. 하나님은 처음과 끝을 아실 뿐 아니라, 당신이 정하신 선한 목적들을 반드시 이루시는 분이다.

지금까지 하나님의 섭리의 세 가지 양상을 살펴보았다. 그렇다고 해서 하나님의 섭리가 이 세 가지 양상으로 각각 분리되어 움직인다고 이해해서는 안 된다. 하나님의 섭리는 세 양상 모두를 통해 같은 방향으로 움직인다.

하나님의 섭리와 인간의 자율성

하나님의 섭리하시는 통치를 벗어나 스스로를 자율적인 존재로 인식하고 또 그렇게 살아가려는 것이 죄로 물든 인간의 본성이다. 중세 유럽의 이신론(Deism)은 인간의 이성이 신의 자리와 역할을 대체한 것이다. 이성주의는 결국 무신론으로 연결될 수밖에 없었다. 하나님의 섭리에 눈을 감고, 겉으로 드러난 인간의 과학적인 지식과 이성적인 판단만 중요시한 결과 더 이상 하나님이 계실 자리가 없어졌기 때문이다. 믿음의 눈으로 바라보면 하나님의 섭리하시는 손길을 여기저기서 찾을 수 있지만, 인간의 이성만을 중심으로 바라보면 하나님의 섭리하시는 손길은 보이지 않는다. 우주에 갔던 우주인들 중에서 하나님을 믿었던 우주인들은 하나님이 창조하시고 섭리하시는 우주의 신비에 경의와 감탄을 표현했지만, 무신론자인 우주인들은 우주에 가 보니 역시 신은 없더라고 했다.

인간의 생각이나 행동이 자율적인 것처럼 보이는 이유는 하나님의 섭리가 인간의 생각과 행동을 통해 은밀하게 그리고 동시에 이루어지기 때문이다. 하지만 죄로 어두워진 인간의 마음에는 이런 영적인 현실들이 보이질 않는다.

하나님의 섭리와 그 목적

앞에서 우리는 섭리의 세 가지 양상 중 하나님의 통치에 관해 다루었다. 그렇다면 하나님의 통치하시는 섭리는 무엇을 지향할까? 이에 대한 설명은 예수님이 이 땅에 오셔서 가장 처음 하신 말씀과 가장 마지막에 하신 말씀에 잘 나타나 있다.

> 이 때부터 예수께서 비로소 전파하여 이르시되 회개하라 천국이 가까이 왔느니라 하시더라. (마 4:17)

> 그가 고난 받으신 후에 또한 그들에게 확실한 많은 증거로 친히 살아 계심을 나타내사 사십 일 동안 그들에게 보이시며 하나님 나라의 일을 말씀하시니라. (행 1:3)

하나님의 섭리는 피조물들을 향한 그분의 사랑과 은혜 그리고 신실하심의 표현인 동시에 악을 향한 심판이기도 하다. 그런데 하나님의 모든 섭리 활동의 궁극적인 목적은 바로 그분의 나라를 만드는 일이다. 예수님이 가르치신 첫 말씀과 부활하고 승천하시기 전 마지막 당부의 가르침이 바로 하나님 나라에 관한 것이라는 사실은 섭리의 궁극적인 목적을 분명히 보여 준다.

하나님의 섭리와 인간의 믿음

하나님의 섭리를 깨달아 가고 인정하는 인간의 삶에는 어떤 믿음이 자리잡을까? 특히나 자신의 삶에 좋지 않은 일이나 힘들고 어려운 일들이 생길 때 이러한 사람은 어떤 믿음의 자세를 지닐 수 있을까? 로마서에는 하나님의 섭리를 이해하고 믿는 사람들이 지닐 수 있는 인생의 관점이 다음과 같이 설명되어 있다.

> 우리가 알거니와 하나님을 사랑하는 자 곧 그의 뜻대로 부르심을 입은 자들에게는 모든 것이 합력하여 선을 이루느니라. (롬 8:28)

믿는 자의 삶에 어떤 일이 일어나더라도, 하나님은 당신의 자녀들이 겪는 모든 일 가운데 섭리하심으로 당신의 선하시고 은혜로 우신 계획을 이루어 가시는 분이다. 믿는 자가 현재의 고난조차도 미래의 기쁨을 향해 씨를 뿌리는 것이라고 받아들일 수 있는 이유는 바로 하나님의 섭리하심이 있기 때문이다.

하나님의 섭리와 믿는 자의 기도

한편 하나님의 섭리를 자칫 잘못 적용하면 기도를 게을리하게 된다. '기도하지 않아도 하나님이 다 알아서 하실 텐데 굳이 기도할 필요가 있을까?'라는 생각이 들 수 있기 때문이다. 하지만 기도는 인간이 하나님의 섭리 가운데로 들어가는 아주 중요한 통로다. 우리는 기도를 통해 하나님 섭리의 실제와 그 오묘하신 능력과 은혜를 깨닫게 된다. 또한 하나님은 우리의 기도 가운데 역사하신다. 사실 어떤 계획이나 기도 없이는 하나님이 인도하시는 역사를 체험할 수 없다. 기도하지 않으면, 시간이 어떤 문제를 해결해 줄지라도, 하나님의 섭리를 향한 깨달음과 믿음과 감사로 연결되지 못한다.

단지 인간의 노력이나 운의 기억으로만 남게 된다. 그러므로 기도란 하나님의 섭리를 깨닫고 볼 수 있게 해 주는 영적인 통로다.

살면서 어떤 일을 원하거나 결정을 해야 할 때, 우리는 과연 그일이 올바른 결정인지 또는 하나님의 섭리에 부합하는지 고민하곤한다. 사실 대부분의 일은 시간이 지나기 전에는 그것이 하나님의섭리에 부합하는지 아닌지를 알기가 무척 힘들다. 섭리를 단순하게받아들인다면 이렇게 결론지을 수 있다. 즉, 자신이 원하는 일이 하나님의 섭리에 부합한다면 이루어지겠지만 그렇지 않으면 이루어지지 않을 것이다. 하나님의 섭리가 우리가 원하는 어떤 일이 이루어지도록 역사할 때는 세 가지 요소를 통해 이루어진다.

욕구

우선 어떤 일을 하고자 하는 욕구가 있을 것이다. 그것이 자발적이든 필요에 의한 것이든 상관없이 우리는 어떤 일을 하고 싶고 이루고 싶다는 욕구를 갖게 된다.

능력

욕구가 있더라도 자신에게 그것을 이룰 만한 능력이 있는지를 객관적으로 점검하는 것이 중요하다. 욕구만 가지고 움직였다가는 소중한 시간과 재원을 소모하는 경우가 많다. 이를 점검하기 위해서는 객관적 시각을 지닌 지혜로운 사람들에게 조언을 구하는 것이 중요하다.

기회

이 부분이 참 중요하다. 욕구도 있고 능력도 어느 정도 있더라도 기회의 문이 열리지 않으면 일은 이루어지지 않는다. 믿는 사람들은 욕구의 단계에서 능력의 단계를 잘 점검한 후 그것이 하나님이 여시는 길인지를 분별하는 노력을 해야 한다. 하나님이 열어 주시기를 기도하는 마음으로 계획해도, 그 문이 열릴 때도 있지만 그렇지 않을 때도 있다. 문이 열리려고 하는데 미리 포기하는 것도 문제이지만 열리지 않는 문을 계속 두드리는 것도 참 힘든 일이다. 하나님의 섭리가 인도하는 길이라면 그 문은 반드시 열리게 되어 있다.

관련 및 적용 질문들

❶ 섭리의 세 가지의 양상에는 어떤 것이 있는지 각각의 정의와 의미를 설명해 보자.

❷ 인간의 선택 및 결정이라는 측면과 하나님의 섭리라는 측면의 상호 관계를 설명해 보자.

❸ 자신이 추구하는 일이 하나님의 섭리에 부합하는지 아닌지를 너무 늦지 않게 분별하려면 어떤 노력들이 필요할까?

❹ 자신이 추구하는 어떤 일이 기회의 문으로 연결되지 않을 때 사람들은 힘들어하고 좌절하게 된다. 지나친 좌절에 빠지지 않으려면 하나님의 섭리에 대한 어떤 구체적인 믿음이 필요할까?

07

천사와 마귀

천사의 정의

하나님의 창조는 물질적인 세계의 창조뿐 아니라 영적인 세계의 창조도 포함한다. 천사는 바로 이 영적인 세계에 속하는 하나님의 피조물이다.

천사의 특징

천사는 인간처럼 육체를 가지고 있지 않다. 영적인 존재인 천사가 인간의 눈에 보이는 것은 하나님이 그들을 볼 수 있는 특별한 능력을 주실 때만 가능하다.

> 홀연히 수많은 천군이 그 천사들과 함께 하나님을 찬송하여 이르되. (눅 2:13)

> 안식일이 다 지나고 안식 후 첫날이 되려는 새벽에 막달라 마리아와 다른 마

리아가 무덤을 보려고 갔더니 큰 지진이 나며 주의 천사가 하늘로부터 내려와 돌을 굴려 내고 그 위에 앉았는데 그 형상이 번개 같고 그 옷은 눈 같이 희거늘. (마 28:1-3)

천사도 하나님의 6일 창조 기간에 창조되었다고 여겨진다. 왜냐하면 창세기 2:1에서 "천지와 만물이 다 이루어지니라"라고 했을 때, 만물에 하나님이 만드신 모든 피조물이 포함되기 때문이다.

천사는 도덕적인 판단과 높은 지적 능력을 가지고 있다. 또한 하나님을 순종하는 것이 옳다는 것도 알고 있다.

천사는 한 번에 한 장소에만 머물 수 있다. 성경은 종종 천사가 한 장소에서 다른 장소로 이동하는 것을 보여 준다.

여섯째 달에 천사 가브리엘이 하나님의 보내심을 받아 갈릴리 나사렛이란 동네에 가서. (눅 1:26)

천사들의 정확한 숫자는 모르지만 그 수가 많다는 것은 분명하다.

내가 또 보고 들으매 보좌와 생물들과 장로들을 둘러 선 많은 천사의 음성이 있으니 그 수가 만만이요 천천이라. (계 5:11)

현재로서는 천사의 능력이 인간의 능력보다 훨씬 뛰어난 상태다. 하지만 나중에는 인간이 천사보다 뛰어난 지위와 능력을 가지게 될 것이다.

우리가 천사를 판단할 것을 너희가 알지 못하느냐. (고전 6:3a)

천사의 이름. 성경에 나오는 천사의 이름은 "미가엘"과 "가브리엘"이다(단 10:13, 21; 유 1:9; 단 8:16; 눅 1장 등). 이 두 천사는 천사들의 우두머리 역할을 할 것이다.

천사의 역할

천사는 하나님을 찬송하고 예배하는 영적 피조물이다. 따라서 우리의 본보기가 되기도 한다. 천사는 눈에 보이지 않는 영적 세계가 있음을 인간들에게 상기시켜 준다. 타락한 천사인 마귀도 영적인 세계가 있음을 알려 주는 증거가 된다.

천사는 인간의 구원을 위한 하나님의 도구로 쓰임을 받는다. 하나님의 메시지를 전달하기도 하고 하나님의 명령을 집행하기도 한다.

천사가 그에게 이르되 사가랴 무서워하지 말라 너의 간구함이 들린지라 네 아내 엘리사벳이 네게 아들을 낳아 주리니 그 이름을 요한이라 하라. (눅 1:13)

하나님은 우리가 위험에 처했거나 영적 침체에 빠졌을 때 우리를 위해 당신의 천사를 보내시고 천사는 우리를 지키는 역할을 한다.

그가 너를 위하여 그의 천사들을 명령하사 네 모든 길에서 너를 지키게 하심이라. (시 91:11)

모든 천사들은 섬기는 영으로서 구원받을 상속자들을 위하여 섬기라고 보내심이 아니냐. (히 1:14)

마귀의 정의

마귀란 하나님께 죄를 짓고 타락한 천사를 일컫는 말이다. 하나님을 향한 이들의 반란과 정확한 타락 시기는 알 수 없지만, 아마도 창세기 1:31과 3:1 사이일 것이다.

또 자기 지위를 지키지 아니하고 자기 처소를 떠난 천사들을 큰 날의 심판까지 영원한 결박으로 흑암에 가두셨으며. (유 1:6)

하나님이 범죄한 천사들을 용서하지 아니하시고 지옥에 던져 어두운 구덩이에 두어 심판 때까지 지키게 하셨으며. (벧후 2:4)

이 타락한 천사들의 우두머리가 바로 사탄이다. 사탄은 욥기 1장에 처음 등장한다. 사탄은 '적대자'라는 뜻을 지닌 히브리어다. 성경은 사탄을 다양한 말로 칭하는데, "악마"(마 4:1; 13:39), "뱀"(창 3:1; 고후 11:3), "공중의 권세 잡은 자"(엡 2:2), "악한 자"(마 13:19; 요일 2:13) 등으로 부른다.

사탄과 마귀의 역할

사탄은 최초의 인류가 죄를 짓도록 만든 장본인이다. 사탄은 아담과 하와가 선악과를 따 먹고 하나님께 불순종하도록 유인했다.

예수님은 이 사탄을 "처음부터 살인한 자요…거짓말쟁이요 거짓의 아비"(요 8:44)라고 하셨다.

사탄은 하나님의 구원 역사를 방해하고 막으려고 한다. 사탄은 복음의 진리를 가리고 왜곡하며, 또 거짓 진리를 통해 사람들을 멸망의 길로 보내려고 안간힘을 쓴다.

> 그런 사람들은 거짓 사도요 속이는 일꾼이니 자기를 그리스도의 사도로 가장하는 자들이니라. 이것은 이상한 일이 아니니라. 사탄도 자기를 광명의 천사로 가장하나니. (고후 11:13-14)

사탄은 세상의 욕심과 죄의 유혹을 통해 사람들이 하나님께 나아가지 못하도록 만든다. 사탄이 주는 마음의 상태는 유혹, 의심, 죄책감, 두려움, 혼란, 교만, 열등감, 시기심, 중상모략, 세상에 대한 지나친 걱정이나 집착 등이다.

> 도둑이 오는 것은 도둑질하고 죽이고 멸망시키려는 것뿐이요 내가 온 것은 양으로 생명을 얻게 하고 더 풍성히 얻게 하려는 것이라. (요 10:10)

또한 마귀는 주술사나 무당을 통해 사람을 조종한다. 무당이나 점쟁이가 사람들의 과거를 알아맞히는 일이 있는데, 이것은 마귀가 사람의 말이나 행동을 듣고 보았기 때문이다. 하지만 마귀는 인간의 생각을 읽지 못한다. 인간의 생각은 하나님만 아실 수 있다(마 9:4; 창 6:5; 시 139:2).

마귀에 대한 우리의 관계

오늘날에도 마귀는 활발히 활동하고 있다. 현대인이 이러한 영적 현상에 무지한 이유는 눈에 보이는 세상에만 집착하기 때문이다. 이것은 영적인 세상이 존재함을 숨기려는 사탄의 계략이기도 하다.

그리스도인도 마귀(귀신)가 들릴 수 있을까? 그리스도인도 마귀가 죄의 유혹이나 두려움, 의심, 죄책감 등으로 괴롭힐 수 있지만, 믿지 않는 사람의 경우처럼 그 안으로 들어올 수는 없다.

그리스도인에게 마귀를 물리칠 힘이 있을까? 천사나 마귀 같은 영적인 존재는 인간보다 훨씬 우월하며 강하다. 따라서 인간은 스스로의 힘으로 마귀를 이길 수 없다. 하지만 그리스도인은 자기 안에 계시는 그리스도의 능력으로 마귀를 능히 물리칠 수 있다.

> 자녀들아 너희는 하나님께 속하였고 또 그들을 이기었나니 이는 너희 안에 계신 이가 세상에 있는 자보다 크심이라. (요일 4:4)

성숙한 그리스도인은 마귀의 일들을 분별하며 그들의 악한 일들이 교회 안에 뿌리내리지 못하도록 경계해야 한다. 교회 안에는 거짓 선생이나 예언자 그리고 마귀에게 쓰임받는 사람이 언제라도 들어올 수 있다. 이들을 분별하려면 이들이 하는 말이나 행동의 목적이 무엇인지를 알아채야 한다. 사탄과 마귀는 거짓 가르침이나 이간질을 통해 교회의 순수성과 화합을 무너뜨리려 한다.

> 사랑하는 자들아 영을 다 믿지 말고 오직 영들이 하나님께 속하였나 분별하

라. 많은 거짓 선지자가 세상에 나왔음이라. (요일 4:1)

우리는 하나님께 속하였으니 하나님을 아는 자는 우리의 말을 듣고 하나님께 속하지 아니한 자는 우리의 말을 듣지 아니하나니 진리의 영과 미혹의 영을 이로써 아느니라. (요일 4:6)

마귀가 우리를 괴롭힐 때, 또 그런 영적 상황이 느껴질 때는 어떻게 대처해야 할까? 예수님은 믿는 자들에게 마귀를 꾸짖고 그들이 떠나도록 명령할 권세를 주셨다. 따라서 이런 상황에서는 마귀가 물러가도록 예수 그리스도의 이름으로 꾸짖어야 한다. 속으로 하면 마귀가 들을 수 없으니 소리를 내서 말해야 하며, 물러갈 때까지 거듭해야 한다.

마귀의 계략을 분별하고 이기려면 어떻게 해야 할까? 마귀는 세상의 죄와 욕심을 통해, 그리고 우리 육신의 연약함을 이용해 우리를 공격한다. 이러한 마귀와의 영적 싸움에서 이기려면 우선 우리가 성경의 진리를 잘 알아야 한다. 그리고 그 진리를 바탕으로 한 구원의 확신을, 그리고 이에 대한 믿음과 소망을 지녀야 한다.

마귀의 간계를 능히 대적하기 위하여 하나님의 전신 갑주를 입으라. 우리의 씨름은 혈과 육을 상대하는 것이 아니요 통치자들과 권세들과 이 어둠의 세상 주관자들과 하늘에 있는 악의 영들을 상대함이라. 그러므로 하나님의 전신 갑주를 취하라. 이는 악한 날에 너희가 능히 대적하고 모든 일을 행한 후에 서기 위함이라. 그런즉 서서 진리로 너희 허리 띠를 띠고 의의 호심경을 붙이고 평안의 복음이 준비한 것으로 신을 신고 모든 것 위에 믿음의 방패를 가지고 이로써 악한 자의 모든 불화살을 소멸하고 구원의 투구와 성령의 검 곧 하나님의 말씀을 가지라. (엡 6:11-17)

관련 및 적용 질문들

❶ 오늘날에는 눈에 보이는 물질세계가 전부라고 생각하는 사람이 많다. 그 결과는 무엇인가?

❷ 마귀의 활동을 듣거나 체험한 적이 있는가? 점쟁이의 점이나 무당의 굿, 그리고 자신만의 체험을 나누어 보자.

❸ 천사의 존재를 믿고, 더 나아가 하나님의 천사가 자신을 지키고 보호하고 있다는 사실을 믿는 것이 우리 삶에 어떤 도움을 줄 것이라고 생각하는가?

❹ 어떤 영적인 일이 하나님과 천사의 역사인지 사탄과 마귀의 역사인지 분별하려면 어떻게 해야 할까?

❺ 사탄과 마귀는 교회 안에서 가장 활발히 활동을 한다. 왜 그럴까? 또한 이런 악한 활동을 분별하고 물리치기 위해서는 어떤 공동체가 되어야 할까?

08

인간의 창조

인간 기원에 대한 관점의 중요성

인간의 기원에 관한 인식과 믿음은 인격체에 대한 가치와 존중, 그리고 인간 생명의 존엄성에 대한 인식과 직결된다. 어떤 사람이 인간이 무작위적 우연에 의해 생겨났고 또 죽음을 통해 아무것도 아닌 존재로 사라진다고 믿는다면, 인간의 진정한 가치와 생명의 존엄성에 대한 그의 인식은 얕아질 수밖에 없다. 하지만 인간이 신의 창조에 의한 작품이며 또 그 존재가 영원하다고 믿는다면, 인간의 가치나 생명의 존엄성에 대한 인식은 전혀 다를 것이다.

하나님은 왜 인간을 창조하셨을까?

"하나님은 왜 인간을 창조하셨을까?"라는 의문은 그리스도인이라면 누구나 가질 수 있다. 여기에 대한 몇 가지 생각을 정리해 보자.

먼저 하나님은 외롭거나 심심해서 인간을 창조하신 것이 아니다.

하나님은 부족함이나 필요가 없으신 분이다. 또한 하나님은 삼위 간의 교제를 통해 친밀감에 대한 당신의 모든 욕구를 충족하시는 분이다. 비록 하나님의 필요에 의해 인간이 창조된 것은 아니지만, 하나님이 인간과의 교제를 원하시고 또 그것으로 기쁨 얻기를 즐기신다는 점은 사실이다.

> 여호와께서는 자기 백성을 기뻐하시며. (시 149:4a)

하나님이 인간을 창조하신 근본적인 이유와 목적은 바로 그분의 영광을 위함이다.

> 내 이름으로 불려지는 모든 자 곧 내가 내 영광을 위하여 창조한 자를 오게 하라 그를 내가 지었고 그를 내가 만들었느니라. (사 43:7)

그러므로 인간이 존재하는 이유는 하나님의 영광을 위함과 동시에 그분과의 교제를 즐거워하기 위함이다. 하나님과 그분의 은혜를 즐거워하고 감사하는 것과 그분께 영광을 돌리는 것은 병존한다. 이러한 창조의 목적을 벗어나서 살면, 인간은 자신의 삶에서 진정한 의미나 만족을 가질 수 없게 된다.

하나님의 형상을 따라 지음받음이란?

인간이 하나님의 형상(The Image of God)을 따라 하나님처럼 지음을 받았다는 것은 무엇을 의미할까? 창세기 1장은 "하나님이 이르시되 우리의 형상을 따라 우리의 모양대로 우리가 사람을 만들고"라고 하였다(창 1:26). 여기서 하나님의 형상이란 외적인 모습이 아니라 내적인 특징을 의미한다. 인간은 하나님과 같지는 않지만 많은 면에서 하나님을 닮았다. 그중 대표적인 닮은 점들을 살펴보자.

이성과 논리의 존재

인간은 사물이나 상황을 이성적으로 분석하고, 논리적으로 정리하며 또 표현할 수 있는 능력을 지니고 있다. 물론 짐승도 주어진 본능에 따라 어느 정도의 사고는 할 수 있다. 그러나 이성적, 논리적인 사고의 영역은 인간에게 국한된 것이며, 바로 이 부분이 인간만이 지닌 중요한 하나님의 형상 중 하나다. 인간의 언어능력도 여기에 속한다고 본다.

의지와 결정의 존재

인간은 자신의 논리적 사고를 바탕으로 옳다고 생각되는 방법과 길을 선택할 능력을 지니고 있다. 특별히 도덕적, 양심적으로 옳고 그름을 판단할 수 있으며, 그 판단에 따라 바른 길을 선택할 수 있다. 그리고 그래야 한다.

사랑과 감정의 존재

인간은 사랑할 수 있는 능력을 지니고 있으며, 누군가를 불쌍히 여길 줄 아는 마음도 지니고 있다. 또한 인간은 정의와 불의를 구별할 줄 알고, 정의를 갈구하는 마음을 지니고 살아간다.

관계와 교제의 존재

인간은 하나님 그리고 이웃과 관계를 형성하고 서로 교제하는 가운데 진정한 삶의 의미를 누릴 수 있도록 창조되었다.

죄로 인한 타락은 하나님의 형상에 어떤 영향을 주었는가?

인간이 저지른 죄와 그로 인한 타락은 창조 때 인간에게 주어진 하나님의 형상에 어떤 영향을 끼쳤을까? 성경적 관점에서 보면 인간에게 주어진 하나님의 형상이 망가지고 무뎌지기는 했지만 완전히 파괴된 것은 아니다. 죄로 인해 일부가 망가졌어도 인간의 내면에는 여전히 하나님의 형상이 남아 있다. 구원을 하나님 형상이라는 측면에서 설명하면, 죄로 인해 망가진 인간성이 예수 그리스도의 복음을 통해 회복되어 가는 것이라고 볼 수 있다. 죄로 인해 인간은 자신의 이성적 능력을 건설적인 방향보다는 파괴적인 방향으로 사용하기도 하고 선한 길을 선택하기보다 악하거나 잘못된 길을 선택하기도 한다. 또한 자기중심적 감정만족을 추구하는 경향이 강하며, 올바른 관계를 잘 맺지 못하게 되었다. 이러한 인간성 상실의 모습들로부터 원래 창조의 원형을 회복하는 것이 삶의 구원, 즉 성화의 본질이다.

남자와 여자로의 창조

하나님은 인간이 개인적인 관계를 맺으며 살도록 만드셨다. 특히나 결혼을 통해 한 남자와 한 여자가 한 몸이 될 수 있도록 만드셨다.

이러므로 남자가 부모를 떠나 그의 아내와 합하여 둘이 한 몸을 이룰지로다.

(창 2:24)

여기서 남녀가 하나가 되는 결합이란 육체적 결합과 더불어 정서적이고 영적인 결합을 의미한다.

남자와 여자의 성경적인 역할 구분

남자와 여자는 존재적으로 서로 동일한 중요성을 지닌다. 천국에서는 남자와 여자의 구별이 없다는 사실에서 우리는 인간이 성별을 떠나 모두 동일한 존재적 가치를 지니고 있음을 알 수 있다.

하지만 남자와 여자는 창조주 하나님께로부터 받은 역할과 기능에 있어서 다르다. 하나님은 남자를 먼저 만드시고, 그런 다음 남자를 돕는 배필로 여자를 만드셨다(창 2:18). 따라서 하나님은 남자가 여자와의 관계에서 머리 역할을 하도록 만드신 것이다. 이와 같은 이유 때문에 성경은 여자가 아닌 남자에게 가정이나 여러 집단 속에서 대표성을 지니도록 하셨다. 그렇지만 이 창조의 상하질서가 남성우월주의를 의미하는 것은 아니다. 하나님이 기능적으로는 남자가 머리의 역할을 하도록 만드셨지만, 그 존재적 가치로는 남자와 여자 모두 하나님의 형상을 따라 지음받은 동일하게 소중한 존재이기 때문이다. 이것은 삼위일체 각각의 위격이 존재적으로는 동일한 영광과 능력을 지녔지만 기능적으로는 성자 예수님이 성부 하나님께 순종하시는 모습과 마찬가지 이치다.

여자가 목사의 역할을 맡는 것을 성경적으로 어떻게 바라보아야 할 것인가의 문제도 이런 맥락에서 이해되어야 한다. 남자가 자기 구실을 못하는 경우에는 드보라의 경우처럼 여자도 지도자가 될 수 있었지만, 그런 경우는 어디까지나 예외적일 뿐이다. 성경은 근본적으로 여자가 장성한 남자를 다스리거나 가르치는 것을 허용하지 않는다.

> 여자가 가르치는 것과 남자를 주관하는 것을 허락하지 아니하노니 오직 조용할지니라. 이는 아담이 먼저 지음을 받고 하와가 그 후며. (딤전 2:12-13)

죄가 초래한 남자와 여자의 역할에 대한 혼돈

죄는 하나님의 창조의 아름다움과 질서를 망가뜨렸을 뿐 아니라 남자와 여자의 기능적인 역할관계도 뒤집어 놓았다.

사탄은 남자가 아니라 여자를 먼저 유혹하여 아담이 하와를 따라가도록 만들었다. 하나님의 창조에 따른 남자와 여자의 역할을 뒤집어서 하와가 주도적으로 선악과를 따 먹도록 만들고 아담이 아내의 결정에 따르도록 만들었다.

비록 주도적으로 선악과를 따 먹은 쪽은 하와였지만, 죄로 인한 두려움으로 숨어 있던 이 부부를 부르실 때 하나님은 아담을 먼저 부르셨다. 하나님이 보시기에는 여전히 가정의 머리가 아담이었기 때문이다(창 3:8-12).

성경은 우리를 하와의 자손이라고 말하지 않고 아담의 후예라고 부르지만, 죄와 그로 인한 타락은 남자와 여자의 역할에 커다란 혼돈과 갈등을 초래했다.

또 여자에게 이르시되 내가 네게 임신하는 고통을 크게 더하리니 네가 수고하고 자식을 낳을 것이며 너는 남편을 원하고 남편은 너를 다스릴 것이니라 하시고. (창 3:16)

여기서 "너[여자]는 남편을 원하고 남편은 너를 다스릴 것이니라"의 영어번역은 다음과 같다. "Your desire shall be contrary to your husband, but he shall rule over you." 여자는 남자의 권위를 거스르고, 오히려 남자를 조종하고 싶어 하겠지만, 남자는 여전히 여자를 억누르고 지배하려 들 것이라는 뜻이다. 여기에 결혼한 남녀 간의 모든 문제의 근본적인 원인이 들어 있다. 즉, 이 구절은 죄의 결과 여자는 남자의 권위를 무시하고 오히려 남자를 조종하려 할 것이고, 남자 또한 진정한 사랑이 아닌 강압과 억압으로 여자를 눌러서 지배하려고 할 것이라는 뜻이다. 이러한 갈등구조가 역사 속에서 때로는 남성우월주의로 때로는 비뚤어진 여권주의의 모습으로 번갈아 등장하곤 했다.

구원을 통한 인간성과 남녀 각각의 역할 회복

죄와 타락으로 남녀 간 창조의 질서가 망가지고 그 역할에 혼돈이 오게 되었다면, 구원이란 이 질서와 역할이 창조의 본래 모습을 회복하는 것이다.

아내들이여 자기 남편에게 복종하기를 주께 하듯 하라. 이는 남편이 아내의 머리 됨이 그리스도께서 교회의 머리 됨과 같음이니 그가 바로 몸의 구주시니

라. 그러므로 교회가 그리스도에게 하듯 아내들도 범사에 자기 남편에게 복종할지니라. 남편들아 아내 사랑하기를 그리스도께서 교회를 사랑하시고 그 교회를 위하여 자신을 주심 같이 하라.…이와 같이 남편들도 자기 아내 사랑하기를 자기 자신과 같이 할지니 자기 아내를 사랑하는 자는 자기를 사랑하는 것이라. (엡 5:22-25, 28).

우리는 그리스도와 교회의 관계 속에서 진정한 남성상과 여성상을 보게 된다.

결혼생활에서의 적용

남편이 아내에게 폭력적이거나 강압적일 때, 남편은 이것이 죄와 타락의 결과임을 인정하고 하나님이 주신 머리로서의 권위를 바로 사용하도록 회개와 사랑의 노력을 해야 한다.

아내가 남편의 머리로서 권위를 무시하며 오히려 남편을 조종하고 스스로 우두머리의 위치를 차지하려고 할 때, 아내는 이것이 죄와 타락의 결과임을 인정하고 지혜로운 순종의 모습으로 변화하도록 성화의 노력을 해야 한다.

다른 한편으로 어떤 남편은 강압적이지는 않지만 완전히 수동적이어서 머리로서의 자기 역할을 포기하다시피 살아가는 경우도 있다. 이럴 경우에는 바람직한 가정이 이루어지지 않는다. 아내도 처음에는 자기 마음대로 할 수 있어서 좋다고 생각할지 모르지만, 시간이 지날수록 그런 남편과의 삶에 많은 불만을 갖게 되며 아이들에게도 바람직한 부모의 모습을 보여 주지 못한다.

아내 또한 남편을 대신해서 머리가 되려는 욕심이 없더라도, 자신에게 주어진 지혜와 조언을 나누는 역할을 포기하고 그저 남편의 의견과 결정에만 끌려 다닌다면 이 또한 바람직한 모습이 아니다. 남편의 권위에 순종한다는 것은 그의 결정이 옳든지 그르든지 무조건 수동적으로 따르는 것을 의미하지 않는다. 오히려 건설적이고 지혜롭게 자신의 의사를 표현함으로써 남편이 올바른 결정을 내릴 수 있도록 도와주는 것이 현명한 아내의 역할이다.

관련 및 적용 질문들

❶ 하나님은 왜 인간을 창조하셨을까? 앞에 언급한 이유들 외에 추가적인 견해가 있다면 어떤 것인가?

❷ 우리는 어떤 면에서 하나님의 형상을 닮았다고 생각하는가?

❸ 오늘날 문화에서 성경에서 가르치는 남자와 여자의 역할과 기능이 죄로 인해 변질된 모습의 실례를 들어보자.

❹ 남성 우월주의나 페미니즘의 문제점을 성경적으로 생각해 보자.

09

그리스도론

그리스도의 인격

그리스도는 삼위일체의 제2위 되시는 성자 예수님이 인간의 모습으로 이 땅에 오신 것이다. 그리스도 안에는 충만한 신성과 충만한 인성이 공존했다. 결론적으로 그리스도는 완전히 신이시며 동시에 완전한 인간이시다.

그리스도의 인성

그리스도는 인간의 몸과 인간의 마음을 소유하셨다. 먼저 그리스도는 구약의 예언들에 따라(창 3:15; 사 7:14) 동정녀 마리아의 몸에서 나셨다(마 1:18-25). 그리스도께서 동정녀에게 나신 이유는 비록 인간의 몸으로 오셨지만 그 근본은 하나님이시기 때문이다. 동정녀 탄생은 인간의 원죄를 물려받지 않고 거룩하신 성령으로 잉태되셨음을 의미하기에, 그리스도는 죄가 없는 상태로 태어나신 유일하신 분이다.

그리스도는 인간의 몸으로 오셨기 때문에 인간이 몸으로 느끼는 각종 연약함과 제약을 느끼실 수 있었다. 예를 들면 배고픔(마 4:2), 피로(요 4:6), 목마름(요 19:28) 등이다. 물론 십자가의 고통도 인간의 몸으로 당하시고 느끼셨다.

또한 그리스도는 인간의 몸뿐 아니라 마음과 감정들도 가지셨다. 예를 들면 그리스도께서 "그러나 그 날과 그 때는 아무도 모르나니 하늘에 있는 천사들도, 아들도 모르고 아버지만 아시느니라"(마 13:32)라고 하신 것은 당신이 지니신 인간의 마음으로 하신 말씀이다. 그리스도께서 인간의 감정을 지니셨다는 사실도 복음서에 잘 나타나 있다. 나사로의 죽음에 매우 슬퍼하셨으며(요 11:35), 십자가를 앞두시고는 심히 괴로워하셨고(마 26:38), 백부장의 믿음에는 놀라워하셨을 정도다(마 8:10).

이렇듯 그리스도는 인간의 몸과 마음을 지니셨기 때문에 죄에 대한 유혹을 느끼실 수 있었지만, 사시는 동안 한 번도 죄를 짓지는 않으셨다.

우리에게 있는 대제사장은 우리의 연약함을 동정하지 못하실 이가 아니요 모

든 일에 우리와 똑같이 시험을 받으신 이로되 죄는 없으시니라. (히 4:15)

그리스도는 당신의 삶을 통해 아담이 살았던 불순종의 삶을 순종의 삶으로 바꿔 놓으셨으며, 이로써 인간에게 순종의 삶이 가능함을 보여 주셨다.

그리스도의 신성

비록 인간의 몸에서 태어나 인간의 모습으로 오셨지만, 그리스도가 본래 하나님이라는 사실을 성경은 여러 곳에서 증거하고 있다. 먼저 이사야서는 오실 그리스도를 전능하신 하나님으로 소개했다.

이는 한 아기가 우리에게 났고 한 아들을 우리에게 주신 바 되었는데 그의 어깨에는 정사를 메었고 그의 이름은 기묘자라, 모사라, 전능하신 하나님이라, 영존하시는 아버지라, 평강의 왕이라 할 것임이라. (사 9:6)

신약 여러 곳에서도 그리스도가 하나님이심을 그리스도 스스로 또는 사도들의 가르침을 통해서 알려 주고 있다.

태초에 말씀이 계시니라 이 말씀이 하나님과 함께 계셨으니 이 말씀은 곧 하나님이시니라.…말씀이 육신이 되어 우리 가운데 거하시매 우리가 그의 영광을 보니 아버지의 독생자의 영광이요 은혜와 진리가 충만하더라. (요 1:1, 14)

예수께서 이르시되 진실로 진실로 너희에게 이르노니 아브라함이 나기 전부

터 내가 있느니라 하시니. (요 8:58)

복스러운 소망과 우리의 크신 하나님 구주 예수 그리스도의 영광이 나타나심을 기다리게 하셨으니. (딛 2:13)

그리스도께서 이 땅에서 계시는 동안 당신을 소개하실 때 가장 자주 쓰신 표현이 바로 "인자"(Son of Man)다. 이 인자라는 표현은 인간의 모습으로 오실 전능자를 소개하는 다니엘서에서 유래된 것이다.

내가 또 밤 환상 중에 보니 인자 같은 이가 하늘 구름을 타고 와서 옛적부터 항상 계신 이에게 나아가 그 앞으로 인도되매 그에게 권세와 영광과 나라를 주고 모든 백성과 나라들과 다른 언어를 말하는 모든 자들이 그를 섬기게 하였으니 그의 권세는 소멸되지 아니하는 영원한 권세요 그의 나라는 멸망하지 아니할 것이니라. (단 7:13-14)

이 다니엘서 말씀은 하나님의 아들이 인간의 모습으로 오실 것에 관한 예언이었다. 예수님은 하나님의 권세로 기적을 베푸시고 또 죄를 사하시기도 했다(막 2:1-12). 비록 인간의 모습으로 이 땅에 계셨지만, 예수님은 하나님으로서의 신성을 온전히 지니고 계셨다.

그리스도의 신성과 인성의 결합 형태

그리스도께서 신성과 인성을 지니셨다면 과연 그 신성과 인성은 어떻게 결합되어 있을까? 여기에 대한 생각은 믿는 사람이라면 당연히 가질 수 있는 의문이다. 특히나 초대교회는 여기에 대한 많은 고민과 연구를 하지 않을 수 없었다. 왜냐하면 그리스도의 신성과 인성에 대한 많은 가르침이 등장했지만, 이 문제에 대한 성경적이고 통일적인 가르침 없이는 교회가 잘못된 가르침이나 심지어 이단으로부터 피해를 입을 수밖에 없었기 때문이다. 정통신학은 이단이나 잘못된 가르침에 대한 교회의 고민과 대응을 통해 정립된 경우가 대부분이다.

그리스도의 신성과 인성의 결합에 대한 그릇된 가르침들

그리스도는 인간의 몸으로만 오셨고 그 마음과 영은 하나님의 것이다

이러한 가르침은 그리스도께서 몸과 마음의 온전한 인성을 지니셨음을 거스르는 것이며, 복음서에 나타난 그리스도의 모습과도 일치하지 않는다.

그리스도 안에는 두 인격이 존재한다

그리스도 안에 신성으로 대변되는 인격과 인성으로 대변되는 인격이 공존한다는 주장인데, 이것은 그리스도께서 다중인격이신 것처럼 주장하는 것이다. 하지만 성경 어디에서도 그리스도 안에서 신성의 인격과 인성의 인격이 서로 나뉘어 있거나 다투는 모습을 찾아볼 수 없다.

그리스도의 인성이 신성에 흡수되어 제3의 인격을 이루었다

컵 안의 물에 잉크를 한 방울 떨어뜨리면 더 이상 순수한 잉크도 아니고 물도 아닌 다른 종류의 액체가 되는 것과 같은 이론이다. 하지만 이럴 경우에 그리스도는 온전한 신성뿐 아니라 온전한 인성도 훼손된 상태가 된다.

그리스도의 신성과 인성의 결합 형태

그리스도의 인성에 대한 교회의 혼란과 혼돈을 해결하기 위해 서기 451년 10월 8일-11월 1일에 교회의 지도자들이 콘스탄티노플(현재의 이스탄불) 근처 칼케돈에 모여 종교회의를 열었다. 이 모임에서 교회는 그리스도의 신성과 인성의 결합에 대한 성경적 정의와 통일된 입장을 발표하게 되었으며, 그 이후의 모든 교회는 이 칼케돈 신조(Chalcedonian Definition)를 그리스도의 신성과 인성에 대한 단성론적 정통교리로 받아들이고 있다. 그 내용을 요약하자면 다음과 같다.

> 우리는 우리 구주 예수 그리스도께서 온전히 하나님이시며 또한 온전히 인간이심을 고백한다. 그리스도는 우리와 같이 인간의 몸과 이성과 영혼을 지니셨지만, 죄는 없으시다. 그분 안에는 온전한 신성과 온전한 인성의 두 본질이 서로 혼돈됨 없이(inconfusedly), 바뀜 없이(unchangeably), 나눌 수 없이(indivisibly), 또한 분리할 수 없이(inseparably) 연합하여 있다. 그러므로 그리스도는 두 인격으로 나뉠 수 없고, 오직 한 분 하나님의 아들이시며 말씀이시며 또한 구주이시다.

다시 오실 그리스도도 그리고 우리가 천국에서 함께할 그리스도도 영원히 신성과 인성이 결합되신 한 분으로 계실 것이다. 따라서 그리스도는 하나님과 인간을 연결하시는 완전한 중보자이시다.

그리스도의 신성과 인성은 인간의 구원과 어떤 관계가 있는가?

그리스도는 하나님이시면서 왜 인간의 모습으로 오셨을까? 가장 중요한 이유는 바로 죄인을 구원하시기 위함이다. 그리스도의 신성의 능력과 온전하신 의로움의 자격은 인간의 죄를 대신 짊어지실 수 있음을 의미한다. 그리스도 외에 어느 누구도 인간의 죄를 대신 짊어질 수 없다. 그리스도의 구원은 죄 없으시고 의로우신 하나님이 인간의 모습으로 오셔서 당신의 의로우심으로 죄인들을 구원하신 것이다.

> 그리스도께서도 단번에 죄를 위하여 죽으사 의인으로서 불의한 자를 대신하셨으니 이는 우리를 하나님 앞으로 인도하려 하심이라. (벧전 3:18a)

그리스도의 신성을 부인하거나 제한하면 구원을 얻을 수 없다. 역사 속에는 그리스도의 신성을 부인한 이단들이 있었는데, 4세기 초의 아리우스주의와 오늘날 여호와의 증인이 대표적인 예다. 이들은 그리스도를 모든 피조물 가운데 으뜸으로 여기지만, 그리스도가 하나님 되심을 부인한다.

또한 그리스도께서 인간으로 오심도 구원과 밀접한 관계가 있다. 그리스도는 인간의 모습으로 오셔서 죄인이 받아야 할 죽음의 벌을 십자가에서 인간의 몸과 마음으로 다 겪으셨다. 이 그리스도의 인성을 부인하면 그 또한 이단이며 구원을 받을 수 없다. 초대교회 시절에 그리스도의 신성만 강조하고 인성을 부인하는 이단들이나 거짓 선생들이 많았음을 사도 요한의 서신을 통해 엿볼 수 있다.

> 이로써 너희가 하나님의 영을 알지니 곧 예수 그리스도께서 육체로 오신 것을 시인하는 영마다 하나님께 속한 것이요 예수를 시인하지 아니하는 영마다 하나님께 속한 것이 아니니 이것이 곧 적그리스도의 영이니라. (요일 4:2-3a)

이들은 예수가 인간의 모습으로 온 것처럼 보였지만 진짜 인간의 몸을 지니지는 않았다고 거짓 가르침을 전파했는데, 이러한 이단의 가르침을 "가현주의"(Docetism)라고 부른다.

정리하면, 예수 그리스도는 의로우신 하나님이 인간의 모습으로 오셔서 우리가 살았어야 할 삶을 대신 사셨고, 또 우리가 받아야 할 죽음의 형벌을 십자가에서 대신 감당하셨다.

그리스도의 능동적 순종과 수동적 순종

그리스도께서는 이 땅에 인간의 모습으로 오셔서 철저히 하나님 아버지께 순종하는 삶을 사셨다. 그리스도는 이러한 순종의 삶을 통해 의를 이루셨고, 그 의를 우리 죄인에게 주시고 우리의 죄를 가져가심으로 우리의 구원을 이루셨다.

> 하나님이 죄를 알지도 못하신 이를 우리를 대신하여 죄로 삼으신 것은 우리로

하여금 그 안에서 하나님의 의가 되게 하려 하심이라. (고후 5:21)

이러한 그리스도의 순종의 삶은 능동적인 순종과 수동적인 순종으로 나누어 생각해 볼 수 있다. 그리스도의 능동적인 순종은 기꺼이 하나님 아버지의 뜻과 율법을 온전히 지키고 순종하신 모습을 의미한다. 그에 반하여 수동적인 순종은, 자신은 감당하고 싶지 않았지만, 그것이 아버지의 뜻임을 알고 자신의 의지를 꺾어 기꺼이 순종하신 것을 의미한다. 겟세마네 동산에서의 순종이 바로 여기에 해당한다.

> 이에 말씀하시되 내 마음이 매우 고민하여 죽게 되었으니 너희는 여기 머물러 나와 함께 깨어 있으라 하시고 조금 나아가사 얼굴을 땅에 대시고 엎드려 기도하여 이르시되 내 아버지여 만일 할 만하시거든 이 잔을 내게서 지나가게 하옵소서. 그러나 나의 원대로 마시옵고 아버지의 원대로 하옵소서 하시고.
> (마 26:38-39)

예수님은 하나님이었지만 십자가 고난을 통해 순종을 배우고 이루셨다. 그분의 순종을 통해 불순종의 죄와 사망 가운데 놓여 있던 우리 같은 죄인들에게 구원이 주어진 것이다.

관련 및 적용 질문들

❶ 이 장을 공부하면서 그리스도에 대한 당신의 생각과 이해에 어떤 도움이 되었는가?

❷ 그리스도가 하나님이심을 알려 주는 성경 구절을 찾아보자.

❸ 그리스도께서 인간의 모습으로 오셔서 우리가 겪는 고난과 유혹을 다 겪으셨다는 사실이 하나님께 다가가는 우리의 자세에 어떤 영향을 끼쳐야 할까? 하나님은 우리가 겪는 고난과 유혹을 정말로 이해하실까?(히 4:14-16 참조)

❹ 당신의 삶에서 가장 힘든 부분은 어떤 것인가? 그리스도의 삶 가운데도 그와 비슷한 고난이 있었는가? 그렇다면 그러한 사실이 당신의 삶에 어떤 위로를 줄 수 있다고 생각하는가?

10

성령론

성령님이란?

성령님은 삼위일체 하나님 중 제3위에 해당하는 분이지만, 영광과 능력 면에서는 성부 하나님이나 성자 하나님과 동등하시다. 이 삼위일체의 각 위께서는 역사적 시대 구분 속에서 각각 주도적인 역할을 담당하셨다. 즉, 구약 시대에는 주로 성부 하나님이 직접 하나님의 능력과 영광을 드러내셨다면, 신약의 시초인 예수님 시대에는 성자 하나님이 당신의 모습과 능력을 보여 주셨다. 그리고 예수님 승천 이후의 신약 시대에 와서는 성령님이 주로 삼위일체의 하나님을 대표하는 모양으로 역사하신다. 삼위일체의 하나님은 한 분이지만 각각의 위께서 하시는 고유의 역할이 있다. 성부 하나님이 계획하신 일들을 성자 예수님은 몸소 이루셨고, 성령님은 그 계획하고 이루신 일들을 믿는 자들이 깨닫고 적용하도록 만드신다. 이 성령님에 관한 공부를 통해, 우리는 성령님이 하시는 일에 대한 성경적인 깨달음을 얻고, 더 나아가 성령님의 역할에 대한 비성경적이고 심지어 미신적이기까지 한 가르침을 분별할 수 있어야 한다. 성령님은 어떤 능력이나 에너지가 아니라 한 인격체이시며 하나님이시다.

성령님의 하시는 일

생명을 창조하심

성령님은 생명 창조의 역사에 관여하신 분이다. 또한 모든 피조물의 생명을 지탱하는 근원이시다.

> 주의 영을 보내어 그들을 창조하사 지면을 새롭게 하시나이다. (시 104:30)

거듭나게 하심

성령님은 세상에 속한 사망의 인간을 하나님께 속한 영생의 새로운 피조물로 거듭나게 하신다.

> 예수께서 대답하시되 진실로 진실로 네게 이르노니 사람이 물과 성령으로 나지 아니하면 하나님의 나라에 들어갈 수 없느니라. 육으로 난 것은 육이요 영으로 난 것은 영이니 내가 네게 거듭나야 하겠다 하는 말을 놀랍게 여기지 말라. (요 3:5-7)

구원의 확신을 주심

성령님은 복음의 진리를 통해 거듭난 사람들이 자신이 하나님의 자녀임을 깨닫도록 만드신다. 성령님은 믿는 자들로 하여금 객관적인 말씀의 진리를 자신의 주관적인 확신으로 이해하고 받아들이도록 하시며, 더 나아가 그 은혜로운 사실을 느끼도록 도와주신다.

> 무릇 하나님의 영으로 인도함을 받는 사람은 곧 하나님의 아들이라. 너희는 다시 무서워하는 종의 영을 받지 아니하고 양자의 영을 받았으므로 우리가 아빠 아버지라고 부르짖느니라. 성령이 친히 우리의 영과 더불어 우리가 하나님의 자녀인 것을 증언하시나니. (롬 8:14-16)

하나님을 믿고 섬길 마음과 힘을 주심

구약에서나 신약에서나 하나님을 믿고 섬기는 일에 부르심을 받은 사람들은 모두 성령님이 주시는 믿음과 능력으로 그 일을 감당할 수 있었다. 성령님의 임재와 역사 없이는 어느 누구도 하나님을 믿거나 섬길 수 없었다. 구약의 모세와 칠십 장로들, 여호수아나 다윗 등이 하나님을 믿고 섬길 수 있었던 이유는 바로 성령님의 임재로부터 주어진 힘과 지혜 때문이다. 신약 시대에도 믿는 자의 삶은 성령님이 거듭나게 해 주신 것으로 시작해 성령님의 능력에 의해 지탱된다. 예수님은 승천하시기 직전 제자들에게 그들이 믿음의 삶을 살기 위해서는 반드시 성령님이 함께하셔야 함을 일러주셨다.

> 오직 성령이 너희에게 임하시면 너희가 권능을 받고 예루살렘과 온 유대와 사마리아와 땅 끝까지 이르러 내 증인이 되리라 하시니라. (행 1:8)

정결케 하시는 일

성령님은 말 그대로 거룩한 영이시다. 그러므로 성령님은 죄를 깨닫게 하시고 개인의 영혼과 교회 공동체를 정결하게 만드신다. 성화를 향한 진정한 내적인 변화는 성령님만 이루실 수 있는 일이다. 성령님이 이루시는 거룩한 변화의 삶이란 성령님을 의지함으로써 내적인 변화가 외적인 삶의 변화로 나타나는 일이다.

> 예수를 죽은 자 가운데서 살리신 이의 영이 너희 안에 거하시면 그리스도 예수를 죽은 자 가운데서 살리신 이가 너희 안에 거하시는 그의 영으로 말미암아 너희 죽을 몸도 살리시리라. 그러므로 형제들아 우리가 빚진 자로되 육신에게 져서 육신대로 살 것이 아니니라. 너희가 육신대로 살면 반드시 죽을 것이로되 영으로써 몸의 행실을 죽이면 살리니. (롬 8:11-13)

계시하심

성령님은 말씀을 통해 하나님의 뜻을 계시하시며 또 깨닫도록 하신다. 먼저 성경 말씀을 예언자나 사도들에게 주셔서 기록하도록 하셨다.

> 먼저 알 것은 성경의 모든 예언은 사사로이 풀 것이 아니니 예언은 언제든지 사람의 뜻으로 낸 것이 아니요 오직 성령의 감동하심을 받은 사람들이 하나님께 받아 말한 것임이라. (벧후 1:20-21)

성령님은 당신의 계시로 기록된 말씀 가운데로 하나님을 믿는 자들을 인도하시고 또 깨닫게 하신다. 그러므로 말씀을 공부하는 데 가장 좋은 선생님은 성령님이시다. 말씀이 제대로 깨달아지지 않을 때 우리가 깨닫도록 도와주시기를 성령님께 기도하는 일은 아주 중요하다.

> 그러나 진리의 성령이 오시면 그가 너희를 모든 진리 가운데로 인도하시리니. (요 16:13a)

인도하심

성령님은 믿는 자들의 삶을 하나님이 원하시는 방향으로 그리고 그들에게 유익한 방향으로 인도하신다. 우리가 특별한 일이나 극적인 상황으로만 성령님의 인도하심을 바란다면 성령님의 인도를 제대로 받을 수 없다. 매일의 삶 가운데 인도하심을 체험하는 것이 중요하다. 이것이 제대로 되기 위해서는 평소에 말씀과 기도를 가까이해야 한다. 이렇게 평소 성령님의 인도하심을 받는 사람이 급박한 순간에도 성령님의 인도하심을 받을 준비가 된 사람이다.

화평과 화합을 이루게 하심

하나님은 혼돈의 하나님이 아니라 질서의 하나님이다. 마찬가지로 성령님도 교회 안에서 혼돈이 아니라 화평으로, 분열이 아니라 화합으로 인도하시는 분이다. 따라서 성령님이 인도하시는 개인과 공동체의 삶에는 화평과 기쁨, 위로와 감사, 화합과 사랑의 분위기가 만들어진다.

> 모든 겸손과 온유로 하고 오래 참음으로 사랑 가운데서 서로 용납하고 평안의 매는 줄로 성령이 하나 되게 하신 것을 힘써 지키라. (엡 4:2-3)

그러므로 성령님의 인도하심에 민감한 교인들과 교회는 자신들의 공동체 안에서 진리와 사랑을 바탕으로 하나 됨에 힘쓰게 되며, 성령님은 이 일을 매우 기뻐하신다. 성령님의 인도하심을 받는 사람들은 공동체가 하나 되는 데 쓰임을 받는 반면에, 사탄은 성령님과 동떨어진 사람들을 조종하여 교회 안에서 분열을 조장한다.

성령님의 내주하심

분명 성령님은 구약 시대에도 역사하셨고 신약 시대에도 역사하신다. 하지만 신약 시대에 와서 성령님의 역사가 더욱 두드러지게 나타나는 것도 사실이다. 이 차이에 대해 예수님도 여러 번 언급하셨다. 당신을 믿는 자들에게 성령님이 임하실 것을, 그리고 특별히 성령님이 믿는 자들 안에 거하실 것을, 즉 내주하실 것을 가르치셨다. 이러한 성령님의 내주하심에 대한 가르침을 한 군데 살펴보자.

> 내가 아버지께 구하겠으니 그가 또 다른 보혜사를 너희에게 주사 영원토록 너희와 함께 있게 하리니 그는 진리의 영이라. 세상은 능히 그를 받지 못하나니 이는 그를 보지도 못하고 알지도 못함이라. 그러나 너희는 그를 아나니 그는 너희와 함께 거하심이요 또 너희 속에 계시겠음이라. (요 14:16-17)

구약 시대에 성령님은 주로 하나님의 사람들 위에 임하셨다. 그러나 신약 시대에 와서는 모든 믿는 자 안에 거하신다. 이러한 대대적인 성령님의 내주하심이 시작된 계기가 바로 오순절 성령강림 사건이다. 사도행전 2장에 소개된 오순절 성령강림은 예수님이 미리 알려 주신 예언들의 성취인 동시에 구약의 예언자 요엘을 통한 예언의 성취이기도 하다.

> 그 후에 내가 내 영을 만민에게 부어 주리니 너희 자녀들이 장래 일을 말할 것이며 너희 늙은이는 꿈을 꾸며 너희 젊은이는 이상 을 볼 것이며. (욜 2:28)

신약 시대에 와서 모든 믿는 자에게 성령님이 내주하시게 된 이유는 예수님의 십자가와 부활을 통해 죄가 씻어지고 거룩한 성전이 될 수 있는 길이 열렸기 때문이다(고전 6:19). 그러므로 모든 믿는 사람 안에 성령님이 거하시며, 그 증거는 예수 그리스도를 믿는 믿음이다. 바울은 고린도전서에서 "성령으로 아니하고는 누구든지 예수를 주시라 할 수 없느니라"(12:3)라고 말한다. 예수님을 진정 자신의 구주로 믿는다면 그것은 그의 안에 성령님이 계시기 때문이다. 구원의 믿음은 인간이 만드는 것이 아니라 성령님을 통해 주시는 하나님의 선물이다.

성령님의 강한 임재와 희미한 임재의 원인

성령님은 모든 믿는 자에게 내주하시지만 그 임재의 정도에는 차이가 나타날 수 있다. 성령 충만을 받으라는 말의 의미가 이것을 암시한다. 성경에는 성령님의 충만한 임재에 관한 말씀이 있다.

> 제자들은 기쁨과 성령이 충만하니라. (행 13:52)

또한 성령님의 희미하거나 빈약한 임재에 대한 경고의 말씀도 등장한다.

> 성령을 소멸하지 말며. (살전 5:19)

성령님을 소멸한다는 것은 성령님의 타오르는 불을 끈다는 의미다. 또한 "성령을 근심하게 하지 말라"(엡 4:30)는 말씀도 있다. 이 모두가 성령님의 내주하심을 억누르는 삶의 형태를 경계하는 말씀이다. 구체적으로 말하자면, 성령님의 임재는(타오르는 불길은) 말씀과 기도의 불을 통해 충만해지며 반대로 말씀과 기도를 게을리하면 성령님의 충만한 임재가 불가능해진다. 또한 죄는 성령님을 근심하게 만드는 것이다. 따라서 습관적인 죄는 성령님을 근심하게 만들고 성령님의 충만한 임재를 방해한다. 예수님은 성령님의 충만한 임재가 믿는 자들 안에 있으면 그것이 흘러나올 것이라고 말씀하셨다.

> 나를 믿는 자는 성경에 이름과 같이 그 배에서 생수의 강이 흘러나오리라 하시니 이는 그를 믿는 자들이 받을 성령을 가리켜 말씀하신 것이라. (요 7:38-39a)

이것은 밑에서 솟아오르는 샘물이 넘치도록 흐를 수밖에 없는 이치와 같다. 이렇게 성령이 말씀과 기도를 통한 믿음의 마음에 충만하여 흘러넘치면 그것이 외적인 열매로 나타나는데, 그 열매를 사도 바울은 갈라디아서에서 이렇게 소개하고 있다.

> 오직 성령의 열매는 사랑과 희락과 화평과 오래 참음과 자비와 양선과 충성과 온유와 절제니 이 같은 것을 금지할 법이 없느니라. (갈 5:22-23)

성령이 충만하다고 하면서 그 삶에 기쁨과 사랑과 평강이 없다면 그것은 성령의 충만한 모습이 아니다. 성령의 충만함과 그 열매는 어떤 신비한 꿈이나 환상을 보는 것이 아니라 성숙한 그리스도인에게서 나타나는 그리스도의 향기와 같은 것이다. 이러한 성령의 충만함은 삶의 기쁨과 만족과 감사의 열매로 나타나고, 그 모든 영광은 하나님께 돌려진다.

관련 및 적용 질문들

❶ 성령이라는 단어를 들을 때 어떤 이미지가 주로 떠오르는가?

❷ 성령님에 대한 공부를 통해 성령님에 관해 새롭게 깨달은 부분이 있다면 어떤 것인가?

❸ 오늘날 성령님의 신분과 역사에 대한 많은 오해와 그릇된 가르침이 난무하고 있다. 그중 한 예를 들어보자.

❹ 성령님을 어떻게 받을 수 있다고 생각하는가?

11

택함

택함이란?

성경에서 가장 중요한 진리는 바로 구원이다. 사실 성경이 쓰인 가장 근본적인 이유도 하나님이 구원의 은혜를 누구에게 또 어떻게 베푸시는지 알려 주기 위함이다. 그렇다면 이 구원의 은혜는 어떻게 주어지는가? 택함의 교리는 이 구원의 출발이 바로 하나님이심을 알려 준다. 하나님이 세상을 만드시기도 전에 구원의 은혜를 받을 사람들을 당신의 기쁘신 뜻에 따라 택하셨음을 또는 정하셨음을 성경은 말하고 있다. 그러므로 구원은 근본적으로 하나님과 인간의 상호작용(Synergistic)이 아니라 하나님의 일방적인(Monergistic) 베푸심이다.

예정과 택함

예정이란 하나님이 당신의 뜻에 따라 모든 일을 미리 정하신 것을 의미한다. 반면에 택함이란 구원받을 사람들을 미리 정하신 것이다. 그러므로 택함은 하나님의 예정 중 일부에 해당하는 것이다. 또한 하나님이 구원받을 사람을 미리 정하신 것이 택함이라면, 예정은 구원받을 사람과 구원받지 못할 사람 모두를 향한 하나님의 미리 정하심을 의미한다.

구원의 논리적 순서

택함
하나님이 창세전에 구원받을 자를 미리 택하심.

부르심
복음의 소식을 통해 죄인을 부르심.

거듭남
영적으로 새로운 생명으로 거듭남. 하나님의 전적인 역사다. 거듭남 이후에 믿음이 주어진다.

회심
거듭남의 결과 죄에 대한 회개와 예수 그리스도를 구주로 고백하는 믿음이 생긴다. 그러므로 회심은 하나님의 역사에 대한 인간의 반응이다.

칭의

하나님께 받아들여질 수 있는 자격.

성화

말씀과 성령을 통한 삶의 변화.

죽음과 영화

육신의 죽음 이후 영혼이 천국에 가서 썩지 않는 신령한 몸을 받음.

신약에 나타난 예정과 택하심의 가르침들

신약성경 여러 군데에서 하나님이 구원받을 사람을 미리 택하시고 정하셨다는 사실을 찾아볼 수 있다.

> 곧 창세 전에 그리스도 안에서 우리를 택하사 우리로 사랑 안에서 그 앞에 거룩하고 흠이 없게 하시려고 그 기쁘신 뜻대로 우리를 예정하사 예수 그리스도로 말미암아 자기의 아들들이 되게 하셨으니. (엡 1:4-5)

에베소서의 말씀은 하나님의 택하심과 예정이 세상이 창조되기도 전에 이미 결정되었음을 명백히 알려 준다. 구원받을 자들을 미리 택하셨다는 사실은 동시에 택함받지 못한 사람들도 이미 정해져 있다는 사실을 내포하는 것이 된다. 로마서에서는 이러한 사실을 다음과 같이 설명하고 있다.

그뿐 아니라 또한 리브가가 우리 조상 이삭 한 사람으로 말미암아 임신하였는데 그 자식들이 아직 나지도 아니하고 무슨 선이나 악을 행하지 아니한 때에 택하심을 따라 되는 하나님의 뜻이 행위로 말미암지 않고 오직 부르시는 이로 말미암아 서게 하려 하사 리브가에게 이르시되 큰 자가 어린 자를 섬기리라 하셨나니 기록된 바 내가 야곱은 사랑하고 에서는 미워하였다 하심과 같으니라. (롬 9:10-13)

바로 이러한 이유 때문에 바울은 자신이 데살로니가에서 복음을 전할 때 믿음으로 반응하는 사람들을 향해 '너희가 복음의 진리를 깨닫고 믿음을 가지게 된 이유는 바로 하나님이 택하셨기 때문'이라고 말하고 있다.

하나님의 사랑하심을 받은 형제들아 너희를 택하심을 아노라. 이는 우리 복음이 너희에게 말로만 이른 것이 아니라 또한 능력과 성령의 큰 확신으로 된 것임이라. (살전 1:4-5a)

하나님의 택하심의 비밀을 알았던 사도 바울은 오직 택하심을 받은 사람들만 복음의 진리를 믿음으로 받아들이리라는 것을 알고 있었다.

이방인들이 듣고 기뻐하여 하나님의 말씀을 찬송하며 영생을 주시기로 작정된 자는 다 믿더라. (행 13:48)

반면에 요한계시록은 하나님의 택하심을 받지 못한 자들, 즉 생명책에 이름이 없는 자들은 영원한 지옥에 던져질 것을 예언한다.

> 사망과 음부도 불못에 던져지니 이것은 둘째 사망 곧 불못이라. 누구든지 생명책에 기록되지 못한 자는 불못에 던져지더라. (계 20:14-15)

사람이 태어나기도 전에 미리 정하시는 하나님은 불공평한 분인가?

사실 하나님의 택하심이나 예정 교리는 모든 교회에서 환영받는 가르침이 아니다. 어떤 교회나 교인들은 이 택함과 예정 교리가 너무 불공평하다고 주장한다. 인간이 구원을 향한 어떤 노력이나 선택도 할 수 없도록 차단하시는 하나님은 사랑의 하나님이 아니라고 주장하며 이 택함과 예정 교리를 거부하는 사람도 많다. 여기에 대해서는 두 가지 반론과 설명이 가능하다.

첫째로 사도 바울이 로마서에서 기록한 말씀을 인용할 수 있다.

> 모세에게 이르시되 내가 긍휼히 여길 자를 긍휼히 여기고 불쌍히 여길 자를 불쌍히 여기리라 하셨으니 그런즉 원하는 자로 말미암음도 아니요 달음박질하는 자로 말미암음도 아니요 오직 긍휼히 여기시는 하나님으로 말미암음이니라.…이 사람아 네가 누구이기에 감히 하나님께 반문하느냐 지음을 받은 물건이 지은 자에게 어찌 나를 이같이 만들었느냐 말하겠느냐. 토기장이가 진흙 한 덩이로 하나는 귀히 쓸 그릇을, 하나는 천히 쓸 그릇을 만들 권한이 없느냐. (롬 9:15-16, 20-21)

창조주로서 하나님께 속한 절대 주권의 영역에 비추어볼 때, 하나님은 얼마든 당신이 원하시는 대로 하실 수 있는 분이다. 누구를 구원하고 안 하고는 철저히 하나님의 주권적인 영역에 해당한다.

두 번째 설명은 성경의 논리를 바탕으로 한다. 먼저 성경은 모든 인간이 죄 가운데 죽은 상태라고 말한다(골 2:13). 영적으로 죽은 상태인 인간은 영원히 살아 계시는 하나님을 알아볼 수도 없고, 또 찾고자 하는 마음을 가질 수도 없다.

> 기록된 바 의인은 없나니 하나도 없으며 깨닫는 자도 없고 하나님을 찾는 자도 없고. (롬 3:10-11)

사실 죄에 대한 하나님의 공평한 대우는 구원받게 하는 것이 아니라 버림받고 영원한 지옥에 가게 하는 것이다. 모든 사람은 죄인이기에, 하나님의 절대정의에 따르자면 모두 영원한 벌을 받아야 마땅할 것이다. 그러므로 하나님은 불공평한 분이 아니다. 구원하기로 택하시지 않은 사람들에게 당신의 심판을 통한 정의의 공평하심을 보이신 것이다. 그런데 인간이 마땅히 벌을 받아야 함에도 특별히 택하셔서 구원을 베푸신 것은 그분의 은혜다. 에서는 하나님의 정의를 받았으며, 야곱은 하나님의 은혜를 받았다. 그리고 이 불공평하게 주어진 은혜가 공평하도록 만들기 위해 하나님은 당신의 아들이 대신 정의를 이루도록 하셨다. 하나님 아버지께서는 택하신 자들이 받아야 할 벌을 당신의 아들 예수 그리스도가 십자가에서 대신 받도록 하셨다.

어떤 사람은 자신이 복음을 듣고 예수를 믿기로 결단했다고 생각한다. 하나님이 구원의 길을 예수 그리스도의 십자가를 통해 열어 놓으셨기 때문에 구원의 주체가 하나님이지만 그 구원을 받는 것은 각자의 결단과 믿음에 달려 있다고 생각하는 것이다. 그런 사람들은 구원이 인간의 선택에 달려 있다고 주장하는데, 이런 주장이 설득력 있게 들리는 이유는 대부분의 그리스도인이 복음을 깨닫고 예수 그리스도를 구주로 믿는 결단 과정을 거치기 때문이다. 하지만 정말 그럴까? 정말 구원이 하나님의 은혜로우신 부르심에 대한 인간의 믿음과 선택이 함께 작용해서 일어나는 것일까? 택함의 교리를 깨닫게 되면 겉으로는 인간이 결단하고 선택하는 것처럼 보이지만, 그 이면에 하나님의 택하심이 있었기 때문에 인간의 결단이 가능하다는 사실을 깨닫게 된다. 이는 마치 눈이 떠지면서 전에는 보이지 않던 실체를 깨닫는 과정을 겪는 것과 같다.

이러한 사실을 잘 보여 주는 실례를 하나 들어보자. 예수님의 부모인 요셉과 마리아는 나사렛에서 결혼해 가정을 이루고 살았다. 하지만 예수님이 태어나신 곳은 나사렛이 아니라 베들레헴이라는 작은 마을이었다. 누가복음이 기록하듯, 예수님이 태어나실 당시 로마의 황제가 모든 백성에게 자기 고향으로 가서 호적을 하라고 명령했기 때문이다. 그렇다면 예수님이 베들레헴에서 태어나신 이유가 로마 황제 때문일까? 물론 역사 속에서는 그렇게 보일 수도 있다. 하지만 더 깊은 이유는 하나님이 예수 그리스도가 베들레헴에서 태어나시도록 미리 정하셨기 때문이다. 하나님은 미가 5:2에서 이미 당신의 이러한 예정을 알려 주셨다. 로마 황제의 칙령은 바로 하나님의 예정을 이루는 도구와 과정에 불과하다.

마찬가지로 복음을 믿고 결단하는 인간의 경험은 하나님의 택하심이 이루어지는 과정에 나타나는 체험이지 그 자체가 구원을 향한 인간의 주도적인 선택은 아니다. 우리가 복음을 깨닫고 하나님을 믿기로 선택한 이유는 하나님이 창세전에 우리를 선택하셨기 때문이다.

무엇을 근거로 누구는 택하시고 누구는 버리셨을까?

많은 사람이 이 점을 궁금해한다. 하나님이 수많은 사람 중에서 특정한 사람들만 구원으로 택하시고 그 나머지는 구원으로 택하지 않으셨다면, 그 기준은 무엇일까? 어떤 사람은 하나님이 모든 것을 미리 아시는 예지(foreknowledge)의 능력으로 누구에게 복음이 전해질지 또 누가 믿음으로 반응할지를 아시고 그 사람을 택하셨다고 주장한다. 하지만 이는 하나님의 예지에 대한 오해에서 비롯된 생각이다. 하나님의 예지란 인간이 자유의지로 어떤 선택을 할지 미리 아시는 것이 아니라 하나님이 미리 정해 놓으셨기 때문에(예정하셨기 때문에) 당연히 미리 아시는 것을 의미한다. 성경은 하나님이 누구를 구원으로 택할지 말지 결정하신 일이 인간의 노력이나 행위와 아무런 상관이 없다고 말한다. 이것을 "무조건적인 택하심"(Unconditional Election)이라고 부른다.

하나님이 우리를 구원하사 거룩하신 소명으로 부르심은 우리의 행위대로 하심이 아니요 오직 자기의 뜻과 영원 전부터 그리스도 예수 안에서 우리에게 주신 은혜대로 하심이라. (딤후 1:9)

하나님이 우리를 택하신 이유는 오직 우리를 사랑하기로 작정하셨기 때문이다. 왜 우리에게 택하심의 은혜가 주어졌는지, 왜 하나님이 특별히 우리만 불쌍히 여기셔서 구원으로 택하셨는지 지금은 도저히 알 수 없다. 아마 천국에 가서야 그 비밀이 풀릴 것이다.

하나님은 모든 사람이 구원받기를 원하신다고 성경이 말하지 않는가?
사실 택함의 교리로 볼 때 잘 이해가 되지 않는 성경 구절들이 있다. 대표적인 것을 하나 살펴보자.

하나님은 모든 사람이 구원을 받으며 진리를 아는 데에 이르기를 원하시느니라. (딤전 2:4)

이러한 말씀은 모든 죄인을 향한 하나님의 사랑의 마음을 나타내는 것으로 볼 수 있다. 하나님께는 모두가 구원에 이르기를 바라는 사랑의 마음이 있지만, 동시에 그분의 정의는 죄를 향한 형벌을 요구한다. 비슷한 예를 예수님의 경우에서도 살펴볼 수 있다. 십자가에 가시기 전에 예수님은 당신을 거부하고 배척한 예루살렘의 유대인을 향해 눈물을 흘리며 말씀하셨다.

가까이 오사 성을 보시고 우시며 이르시되 너도 오늘 평화에 관한 일을 알았

더라면 좋을 뻔하였거니와 지금 네 눈에 숨겨졌도다. (눅 19:41-42)

　예수님이 곧 멸망할 예루살렘을 보시면서 측은한 마음에 눈물을 흘리고 그들이 하나님의 구원을 알았으면 하는 마음을 표현하셨지만, 그들은 구원에 이르지 못했다. 그들에게는 택하심의 은혜가 아니라 정의의 심판이 주어졌고, 예루살렘의 수많은 유대인은 예수를 거부한 결과로 서기 70년에 예루살렘성과 함께 멸망을 맞았다.

택함의 교리를 거부하는 사람들이 주장하는 교리는 무엇인가?

　택함의 교리를 받아들이지 않는 교회나 교인도 적지 않다. 이들은 구원이 하나님의 택하심에 달려 있는 것이 아니라, 복음을 전하려는 인간의 노력과 또 그것을 믿음으로 받아들이는 선택에 달려 있다고 주장한다. 이들의 주장은 인간적인 생각과 논리에 바탕을 둔 것이다. 택함의 교리를 받아들이는 측을 "개혁주의"(Reformed) 또는 "칼뱅주의"(Calvinism)라고 부르며 그 반대편을 "아르미니우스주의"(Arminianism)라고 부른다. 역사적으로 볼 때 개혁주의는 복음을 사수하는 역할을 하였고 아르미니우스주의는 복음의 진리와 빛을 잃어가는 쪽으로 흘러갔다. 개혁주의의 뿌리는 16세기의 루터와 칼뱅, 더 나아가 초대교회의 아우구스티누스 그리고 바울 사도의 신학에 있다. 하지만 아르미니우스주의는 17세기 초에 등장한 신학의 흐름이다. 이 둘의 차이점에 대해서는 다음에 상세히 다루도록 하겠다.

관련 및 적용 질문들

❶ 왜 구원은 인간의 선택 영역이 될 수 없을까?

❷ 택함의 교리를 제대로 소화하지 못할 때 하나님을 향한 인간의 반응과 그것을 제대로 소화할 때의 반응에는 어떤 차이가 있을까?

❸ 택함의 교리와 구원의 확신에 어떤 관계가 있다고 생각하는가? 택함의 교리를 믿는 사람과 그렇지 않은 사람 사이에는 구원의 확신에 관해 어떤 생각의 차이가 있을까?

❹ 택함의 교리를 어떻게 적용하느냐에 따라 전도에 대한 태도가 달라진다. 택함의 교리를 수동적으로만 받아들이면 전도를 게을리 할 것이다. 하지만 택함의 교리를 제대로 이해한다면 전도에 담대함을 가질 수 있다. 왜 그럴까?

❺ 택함의 교리와 하나님의 은혜에 대한 이해 사이에 어떤 관계가 있다고 생각하는가? 택함의 교리를 공부하면서 하나님의 은혜에 대해 느낀 점들이 있다면 서로 나누어 보자.

12

칼뱅주의와 아르미니우스주의

교리(Doctrine)란 성경의 가르침을 정리한 것이다. 그런데 성경의 다양한 교리들 중에도 절대적인 진리가 있는 반면, 개인의 확신과 의견의 영역에 해당하는 교리들도 있다. 한 예로 유아에게 세례를 베푸느냐 마느냐의 문제는 교단이나 교회에 따라 의견이 다르다. 장로교에서는 유아에게 세례를 베푸는 것이 성경적이라고 생각하는 반면에, 침례교에서는 개인적인 믿음과 구원의 확신이 있을 때 세례를 받도록 하는 것이 성경적이라고 생각한다. 사실 세례에 관한 부분이 중요하기는 하지만 기독교의 절대적인 진리의 범주에 든다고 볼 수는 없다. 그렇다면 기독교의 핵심적이고 절대적인 진리, 즉 개인적 확신이나 견해의 차이를 한 치도 허용할 수 없고 또 허용해서도 안 되는 진리는 무엇일까? 그것은 바로 구원에 관한 진리다. 구원에 관한 진리와 교리는 성경의 절대적이고 핵심적인 가르침이기 때문에 인간의 확신이나 생각의 차이가 절대로 영향을 미칠 수 없는 영역이다. 따라서 이 구원의 진리와 교리는 어떤 경우에라도 성경 그대로 보존되고 전달되어야 한다. 하지만 역사 속에서 구원의 진리는 수많은 거짓과 잘못된 가르침의 도전을 받아 왔다. 특히나 중세 가톨릭의 가장 커다란 문제는 구원의 교리를 인간의 생각으로 왜곡시키고 종교적인 전통으로 변질시킨 점이었다. 중세 가톨릭의 시대는 십자가 복음의 은혜에 의한 구원이 아니라, 교회에 대한 성실과 충성 그리고 인간의 도덕적인 노력들이 결정짓는 구원을 가르치고 믿었던 시대였다.

이러한 영적 암흑기에 묻혀 있던 복음의 진리를 교회가 다시 발견하게 된 획기적인 사건이 바로 16세기 초의 종교개혁이었다. 그리고 이 종교개혁 이후 발생한 구원의 진리와 교리에 관한 가장 심각한 충돌이 칼뱅주의와 아르미니우스주의의 대립이었다. 오늘날의 개신교 교회는 여전히 이 양자 간 대립의 소용돌이 가운데 있으며, 교인들의 구원관도 대부분 칼뱅주의와 아르미니우스주의 가르침의 범주를 벗어나지 못한다. 그러므로 이 둘의 주된 주장을 이해하고, 이를 성경적으로 분석하고, 또 스스로의 확신으로 만드는 것은 그 무엇보다 중요한 일이다. 구원의 진리와 교리가 신앙생활의 가장 중요한 기초가 되기 때문이다. 우리는 기초가 부실한 건물은 무너질 수밖에 없다는 사실을 잘 알고 있다.

아르미니우스주의가 나오게 된 역사적 배경

아르미니우스주의는 네덜란드의 신학자 야콥 아르미니우스(Jacob

Arminius)의 신학적 가르침을 추종하던 사람들의 주장에서 유래한 것이다. 아르미니우스는 1560년에 태어나 1609년에 49세의 나이로 생을 마감하였다. 칼뱅이 1564년에 사망하였으므로, 두 인물은 거의 비슷한 시기에 죽음과 탄생이 교차했다. 아르미니우스는 제네바에서 칼뱅의 수제자였던 베자(Beza)라는 신학자 밑에서 신학을 배우게 된다. 그럼에도 아르미니우스는 기존의 개신교 신학을 정면으로 거부하는 생각을 갖게 되었고, 이를 강하게 표현하기 시작했다. 특히 그는 하나님의 구원을 향한 택하심의 교리를 정면으로 부정하였다. 아르미니우스는 로마서 9장에 나타난 하나님의 선택이 구원에 이르는 믿는 자들과 구원에 이르지 못하는 불신자들의 집단을 향한 선택이라고 주장했다. 그는 하나님은 이 두 집단을 예정하셨지만, 개인이 어느 집단에 속할지는 각자의 선택에 달려 있다고 주장했다.

유명한 설교자이며 신학교 교수였던 아르미니우스의 영향력은 대단했다. 정치와 교회가 아주 긴밀하게 연결되었던 당시 유럽 사회에서 이러한 그의 주장은 네덜란드 전체를 하나의 거대한 소용돌이로 몰아넣기에 충분했다. 아르미니우스와 그의 추종자들에 의해 촉발된 이 신학논쟁은 교회의 지도자뿐 아니라 정치인들 그리고 일반 대중의 삶에도 커다란 혼란과 충돌을 유발했다. 사람들은 모일 때마다 이에 대한 논쟁을 벌였고, 급기야 나라가 분열될 위기에 처하게 된다. 정작 아르미니우스는 이 논쟁이 한창일 때 결핵으로 사망하고 만다. 하지만 그의 사후에도 논쟁은 그치지 않았으며, 그를 추종하던 46명의 지도급 인사들이 기존의 칼뱅주의에 대한 "항의서"(Remonstrance)를 작성하여 공개적으로 입장을 표명했다. 이 항의서는 아르미니우스와 그의 추종자들의 신학을 요약한 것인데, 그 내용은 칼뱅주의를 정면으로 반대하는 것이었다. 더 이상 교회와 나라의 분열을 두고 볼 수 없었던 지도자들은 네덜란드 및 유럽의 기독교와 정치 지도자들을 소집해 네덜란드의 도르트(Dort)에서 1618년 11월부터 다음해 1월까지 종교회의를 개최하게 되는데, 이것이 그 유명한 "도르트 종교회의"(The Synod of Dort)다. 이 종교회의에서 양쪽 진영 사이의 수많은 논쟁 끝에 칼뱅주의가 성경적으로 옳다는 결론을 내리게 되었다. 그 결과 많은 아르미니우스주의 목사들은 강단에서 쫓겨나고 일부는 국외로 유배를 가게 되었다.

아르미니우스주의자의 핵심 주장

아르미니우스주의자들이 항의서를 통해 주장한 내용의 핵심은 다음과 같다.

인간이 죄로 인해 타락한 것은 맞지만 인간은 여전히 하나님을 알아보고 또 믿기로 결단할 수 있는 능력, 즉 자유의지를 가지고 있다.

하나님의 선택이란 누가 복음을 듣고 믿을지 아시는 예지(foreknowledge) 능력에 따른 것이다. 따라서 당신을 믿을 것을 조건으로 택하신 것이다.

그리스도의 십자가 죽으심은 모든 인류를 위한 것이다. 그러므로 그리스도의 십자가 은혜를 통한 구원은 누구에게나 열려 있지만, 그 유효성은 각자의 믿음의 결단에 따라 주어진다.

하나님이 그리스도의 십자가 은혜를 통해 사람들을 구원으로 부르시지만, 인간은 이 은혜의 부르심을 받아들이거나 거부할 수 있다. 하나님이 구원의 은혜를 베푸시더라도 인간은 이를 거부할 자유의지를 가지고 있다.

하나님은 구원받은 성도들이 끝까지 믿음을 지키고 마지막 구원에 이르도록 도우시지만, 어떤 사람들은 구원을 받은 후에도 믿음을 저버리고 구원을 잃을 수 있다.

이 다섯 가지 내용이 아르미니우스주의자들이 주장한 항의서의 핵심 내용들이다. 하지만 오늘날 모든 아르미니우스주의자가 이 다섯 가지 내용을 다 받아들이는 것은 아니다. 예를 들어 어떤 아르미니우스주의자는 구원은 한 번 받으면 영원히 잃을 수 없다고 믿기도 한다.

칼뱅주의 5대 교리

아르미니우스주의자의 다섯 가지 주장에 대한 칼뱅주의자의 대응과 반박이 칼뱅주의의 핵심 내용이다. 이것을 "칼뱅주의 5대 교리"라고 부른다. 한 가지씩 그 내용과 관련 말씀을 살펴보도록 하자.

전적 타락(Total Depravity)

인간은 모든 영역에서 죄로 인하여 망가졌고, 그 결과 하나님을 스스로 찾거나 믿을 수 없다. 오직 하나님의 선행하시는 택함의 은혜가 죄인을 구원으로 이르게 하는 유일한 길이다.

기록된 바 의인은 없나니 하나도 없으며 깨닫는 자도 없고 하나님을 찾는 자

도 없고 다 치우쳐 함께 무익하게 되고 선을 행하는 자는 없나니 하나도 없도

다. (롬 3:10-12)

여기서 말하는 선이란 인간적인 선한 행동이 아니라 절대 선이신

하나님을 찾고 사랑하는 영적인 선을 의미한다.

무조건적 선택(Unconditional Election)

구원받을 자들을 택하신 것은 인간의 어떤 자격이나 조건에 따른

것이 아니라 전적으로 하나님의 뜻에 따른 결정이다.

모세에게 이르시되 내가 긍휼히 여길 자를 긍휼히 여기고 불쌍히 여길 자를

불쌍히 여기리라 하셨으니 그런즉 원하는 자로 말미암음도 아니요 달음박질

하는 자로 말미암음도 아니요 오직 긍휼히 여기시는 하나님으로 말미암음이

니라. (롬 9:15-16)

구원은 인간의 의도나 노력과 상관없이 오직 하나님의 뜻에 의해

주어지는 일방적인 은혜다. 자연 상태의 인간은 구원이 무엇인지

알지 못하며, 따라서 그것을 얻으려고 노력할 마음을 가질 수도 없

기 때문이다.

제한적 속죄(Limited Atonement)

이는 예수님의 피가 모든 사람을 구원하기에 충분하지만 오직 택

함을 받은 사람들에게만 유효하다는 뜻이다. 예수님이 십자가에서 대속의 죽음을 겪으신 것은 택함받은 자들만을 위한 것이다. 다른 말로 하면, 예수님은 십자가에서 자신이 누구를 위해 죽음을 겪는지 아셨다. 어떤 사람들은 제한적 속죄라는 표현이 주는 부정적인 뉘앙스 때문에 그 대신 "특별한 속죄"(Particular Atonement)라고 부르기도 한다.

> 아들을 낳으리니 이름을 예수라 하라. 이는 그가 자기 백성을 그들의 죄에서 구원할 자이심이라 하니라. (마 1:21)

> 아버지께서 내게 주시는 자는 다 내게로 올 것이요 내게 오는 자는 내가 결코 내쫓지 아니하리라. (요 6:37)

> 나는 선한 목자라. 선한 목자는 양들을 위하여 목숨을 버리거니와. (요 10:11)

> 내가 그들을 위하여 비옵나니 내가 비옵는 것은 세상을 위함이 아니요 내게 주신 자들을 위함이니이다. (요 17:9a)

저항할 수 없는 은혜(Irresistible Grace)

구원을 위한 복음은 많은 사람에게 전파되지만, 정작 그것을 깨닫고, 믿고, 거듭나도록 하는 일은 성령님만이 하실 수 있다. 그리고 이 성령님의 거듭나게 하시는 역사를 인간은 거스를 수 없다. 복음의 외적인 부르심은 거부할 수 있지만, 성령님의 내적인 부르심은 절대로 거역할 수 없다. 따라서 구원으로 예정된 모든 영혼은 구원의 은혜를 틀림없이 받도록 정해져 있다.

> 아버지께서 내게 주시는 자는 다 내게로 올 것이요 내게 오는 자는 내가 결코 내쫓지 아니하리라. (요 6:37)

> 이방인들이 듣고 기뻐하여 하나님의 말씀을 찬송하며 영생을 주시기로 작정된 자는 다 믿더라. (행 13:48)

성도의 견인(Perseverance of the Saints)

하나님의 택하심을 받고 성령님의 역사로 거듭난 영혼은 영원히 구원의 상태에 머물며 어떤 경우에라도 하나님으로부터 떨어져 나갈 수 없다.

> 내 양은 내 음성을 들으며 나는 그들을 알며 그들은 나를 따르느니라. 내가 그들에게 영생을 주노니 영원히 멸망하지 아니할 것이요 또 그들을 내 손에서 빼앗을 자가 없느니라. (요 10:27-28)

> 내가 확신하노니 사망이나 생명이나 천사들이나 권세자들이나 현재 일이나 장래 일이나 높음이나 깊음이나 다른 어떤 피조물이라도 우리를 우리 주 그리스도 예수 안에 있는 하나님의 사랑에서 끊을 수 없으리라. (롬 8:38-39)

흔히 칼뱅주의 5대 교리의 영어 앞 글자를 모아서 "TULIP"이라고 부른다. 아르미니우스주의와 마찬가지로 모든 칼뱅주의자가 이 다섯 가지 교리를 다 수용하는 것은 아니다. 일례로 "제한적 속죄" 교리는 동의하지 않지만, 나머지 부분은 받아들이는 "4포인트" 칼뱅주의자도 있다.

칼뱅주의의 뿌리는 성경이다

칼뱅주의라는 용어 때문에 자칫 칼뱅주의 5대 교리를 칼뱅이 만든 것처럼 생각한다면 그것은 엄청난 착각이다. 칼뱅은 신학을 논리적으로 정리하는 데 정말 큰 은사를 지닌 사람이었다. 하지만 칼뱅의 신학은 이미 4-5세기에 활동했던 아우구스티누스의 신학에 바탕을 두고 있으며, 이 둘의 신학은 궁극적으로 바울 신학에 바탕을 두고 있다. 그러므로 칼뱅주의는 칼뱅의 작품이 아니라 성경의 진리를 말하는 것이며, 칼뱅도 이 부분에 전적으로 동의할 것이다.

칼뱅주의와 아르미니우스주의의 핵심 쟁점

칼뱅주의와 아르미니우스주의의 핵심 쟁점은 구원의 주체와 역할에 관한 논쟁이다. 칼뱅주의자는 구원이 전적으로 하나님의 주권에 의해 결정된다고 주장하는 반면, 아르미니우스주의자는 구원이 하나님의 주도하에 주어지는 은혜인 것은 맞지만 인간에게도 그것을 받아들이거나 거부할 수 있는 선택권이 있다고 주장한다. 사실 일반적으로 사람들에게는 아르미니우스주의를 선호하려는 경향이 있다. 왜냐하면 인간은 스스로 중요한 일을 결정할 권리, 즉 자유의지를 원하기 때문이다.

구원에 관한 칼뱅주의자와 아르미니우스주의자의 차이점을 알아보기 위해 이렇게 질문하면 된다. "당신이 구원을 얻은 결정적인 이유는 무엇인가?" 칼뱅주의자는 이렇게 답할 것이다. "내가 구원을 얻은 결정적인 이유는 하나님이 나를 택하셨기 때문이다." 하지만 아르미니우스주의자는 이렇게 답할 것이다 "내가 구원을 얻은 결정적인 이유는 나 자신이 믿기로 결단했기 때문이다."

자유의지에 대한 칼뱅주의와 아르미니우스주의의 관점 차이

인간의 진정한 자유의지는 하나님을 믿고 순종할 선택권을 의미한다. 칼뱅주의자는 인간이 이 자유의지를 죄로 인한 타락과 함께 상실했다고 믿는다. 오직 구원을 받고 거듭나야 이 진정한 자유의지가 회복된다고 믿는다. 하지만 아르미니우스주의자는 죄로 인한 타락 상태에서도 하나님을 믿고 선택할 자유의지의 기능이 인간에게 여전히 남아 있다고 믿는다.

아르미니우스주의의 역사적 폐단

아르미니우스주의자라고 해서 모두 구원을 받지 못하는 것은 아니다. 그들 중에도 구원을 받은 사람이 분명히 있을 것이다. 하지만 아르미니우스주의는 인간의 자유의지를 허용함으로 인해 점점 더 인간의 선택과 노력을 중심으로 하는 기독교를 만들어 갔다. 그들은 인간의 노력과 선택을 부각하는 반면에 하나님의 주권과 예정을 등한시함으로써 인본주의적인 기독교를 만들어 냈다.

신학은 어디까지나 하나님과 그분의 구원을 향한 올바른 성경적 이해와 방향을 제시할 뿐이다. 즉, 신학 지식이 하나님과의 관계를 대신해서는 안 된다. 신학이 하나님을 바로 알고 하나님과 올바른 관계를 맺어가는 데 아주 중요한 것임에는 틀림이 없다. 하지만 신학 지식을 가지는 것만으로 하나님과 친밀한 관계를 맺고 있다고 생각한다면, 그것은 착각이다. 올바른 신학은 그것이 하나님을 향한 바른 길을 제시할 때, 그리고 그 길을 통해 우리가 하나님을 바로 알고 하나님과 올바른 관계를 체험해 나갈 때에만 진정한 의미를 지닐 수 있다.

관련 및 적용 질문들

❶ 칼뱅주의와 아르미니우스주의 중 어느 쪽에 더 동의가 되는가? 전체가 동의가 되는가 아니면 어떤 부분은 받아들이기 어려운가? 그 이유는 무엇인가?

❷ 칼뱅주의자의 대부분은 아르미니우스주의자로 신앙생활을 하다가 칼뱅주의자가 된 경우다. 하지만 칼뱅주의자가 아르미니우스주의자로 되는 경우는 극히 드물다. 왜 그럴까?

❸ 칼뱅주의와 아르미니우스주의의 차이점을 통해 구원에 관한 성경적 핵심 교리들의 차이점을 공부했다. 이러한 공부를 통해서 구원의 핵심 교리들을 생각해 보고 또 확신을 얻는 일이 왜 중요할까? 신학과 교리, 특별히 구원의 교리에 관한 적당한 무관심 속에서 이루어지는 신앙생활이 어떤 교인과 교회를 만들어 내고 있는가?

❹ 교회를 섬기거나 전도를 할 때 열심히 했음에도 결과가 탐탁지 않거나 반대로 대단히 좋을 때도 있을 것이다. 이럴 때 칼뱅주의자와 아르미니우스주의자의 반응은 어떤 식으로 다르게 나타날까?

13

부르심과 거듭남

부르심이란?

부르심은 구원의 중요한 과정이다. 하나님은 구원으로 택하신 사람을 정하신 때에 자녀로 부르신다.

> 또 미리 정하신 그들을 또한 부르시고 부르신 그들을 또한 의롭다 하시고 의롭다 하신 그들을 또한 영화롭게 하셨느니라. (롬 8:30)

이와 같이 우리의 구원에는 어떤 순서가 있다. 이를 정리해 보면 하나님의 택하심, 부르심, 거듭남, 의로워짐, 성화 그리고 영화의 순이다. 또한 구원의 모든 과정은 하나님이 주체가 되어 이루시는 일이며, 부르심 또한 하나님이 하시는 일이다. 하나님의 구원으로의 부르심을 "유효한 부르심"이라고 한다.

유효한 부르심

유효한 부르심이란 하나님이 당신의 택함의 은혜를 입은 사람들을 구원으로 부르시는 것을 의미한다. 이 하나님의 부르심은 누구도 거부할 수 없으며, 인간의 선택 영역이 전혀 아니다. 구원은 원래 인간의 선택이나 노력에 의해 주어지는 것이 아니라 오직 하나님의 택하심과 부르심에 의해 주어지는 것이다. 성경은 이처럼 거부할 수 없는 하나님의 주권적인 구원으로의 부르심을 여러 곳에서 말하고 있다.

> 이는 너희를 어두운 데서 불러내어 그의 기이한 빛에 들어가게 하신 이의 아름다운 덕을 선포하게 하려 하심이라. (벧전 2:9b)

사망의 어두운 상태에서 구원의 빛의 상태로의 이동은 오직 하나님의 주권적인 택하심과 부르심에 의한 것이다. 우리가 이 하나님의 부르심을 "유효한 부르심"이라고 일컫는 이유는 이 부르심이 구원이라는 결과로 반드시 연결되기 때문이다. 유효한 부르심과 구별하여 "복음의 부르심"이라는 것이 있는데, 이 복음의 부르심은 복음의 메시지를 선포함으로써 사람들이 구원으로 나오도록 부르는 것이다. 따라서 복음의 부르심이 일반 대중을 향한 구원으로의 부르심이라면, 유효한 부르심은 이 복음의 메시지를 듣는 사람들 중 일부를 하나님이 진리를 깨닫도록 만드시고, 그들이 거듭나도록 부르시는 것을 의미한다. 사실 복음의 메시지를 듣는 사람은 많지만, 그중에 정말로 구원의 거듭남에 이르는 사람은 소수에 불과하다. 예수님은 이 차이를 다음과 같이 표현하셨다.

> 청함을 받은 자는 많되 택함을 입은 자는 적으니라. (마 22:14)

복음의 부르심이 외적인 그리고 일반적인 부르심이라면, 유효한 부르심은 내적인 그리고 특별한 부르심이다. 사람이 복음의 메시지를 듣더라도 성령님의 내적인 역사가 없이는 깨달을 수 없기 때문이다. 물론 인간 편에서는 스스로가 깨닫고 또 믿기로 결단하는 과정을 겪게 되지만, 이러한 믿음의 결단에는 성령님의 은밀한 역사가 바탕이 되기 때문이다. 사도행전에서 사도 바울은 많은 지역을 돌아다니며 유대인과 이방인에게 복음을 통한 하나님의 부르심을 전했다. 이러한 복음의 선포는 항상 대중을 둘로 갈라놓았는데, 한 무리는 믿음으로 구원에 이르는 사람들이었고 다른 한 무리는 불신과 거부로 구원에 이르지 못하는 사람들이었다. 겉으로 보기에는 바울의 복음 선포에 대한 각자의 받아들임과 거부함의 모습이지만, 그 이면에는 하나님의 특별한 역사가 바탕이 되는 것이다.

> 두아디라 시에 있는 자색 옷감 장사로서 하나님을 섬기는 루디아라 하는 한 여자가 말을 듣고 있을 때 주께서 그 마음을 열어 바울의 말을 따르게 하신지라. (행 16:14)

결론적으로 복음의 부르심은 인간의 복음 전파를 통한 일반적인 부르심이며, 유효한 부르심은 인간의 복음 전파를 통해 하나님이 자신의 택하신 백성을 부르시는 특별한 부르심이다.

복음의 부르심의 중요성

구원이 전적으로 하나님께 달려 있다고 해서 이에 대한 인간의 역할이 없는 것은 아니다. 하나님은 구원으로 예정하신 당신의 백성을 유효한 구원으로 부르시는 일에 당신의 사람을 들어 쓰신다. 따라서 믿는 자들이 복음을 전파하는 일은 매우 중요하다.

> 그런즉 그들이 믿지 아니하는 이를 어찌 부르리요. 듣지도 못한 이를 어찌 믿으리요. 전파하는 자가 없이 어찌 들으리요. (롬 10:14)

구원은 전적으로 하나님께 달려 있지만, 하나님은 구원으로 당신의 택하신 영혼들을 부르시는 일에 우리를 들어 쓰신다. 사실 우리는 누가 구원의 믿음으로 나올지, 또는 하나님을 거부할지 미리 알 수 없다. 우리가 할 일은 누구에게라도 복음의 메시지를 전하는 것이다.

구원으로 나오는 사람들의 특징

하나님의 특별하고 유효한 부르심을 받은 사람들에게 나타나는 반응은 바로 회개와 믿음이다. 정말로 구원을 깨달은 사람은 먼저 자신이 하나님 앞에 벌을 받아야 마땅한 죄인임을 깨닫는다. 그는 자신이 죄 가운데 영적으로 죽어 있었으며, 지옥의 형벌을 받아 마땅하다는 사실을 깨우친다. 그리고 오직 예수 그리스도를 믿음으로 죄를 용서받고 천국에서의 영원한 생명을 하나님의 은혜로 받았음을 깨닫는다. 이 회개와 믿음은 진정으로 구원받은 사람들이 주기적으로 체험하는 일이다. 이 부분은 성화의 교리를 다룰 때 다시 자세히 살펴보겠다.

거듭남이란?

거듭남은 우리를 영적으로 새롭게 태어나도록 만드시는 하나님의 비밀스럽고 신비한 역사다. 마치 육신의 태어남이 인간의 의지나 노력과 상관이 없듯이, 영적인 거듭남도 인간의 의지와 노력과는 전혀 상관이 없다. 우리가 부모님에게서 태어난 것처럼, 영적인 거듭남도 영의 아버지이신 하나님으로부터 태어나는 것이다. "내가 태어났다"를 영어로 "I was born"이라고 하며, 이것은 수동태로, 자신이 태어나는 일에 자신은 철저히 수동적일 수밖에 없었음을 의미한다.

> 그의 많으신 긍휼대로 예수 그리스도를 죽은 자 가운데서 부활하게 하심으로 말미암아 우리를 거듭나게 하사 산 소망이 있게 하시며. (벧전 1:3b)

예수님은 이 영적인 새 생명으로 거듭나는 일이 전적으로 성령님이 하시는 일이며 인간은 이 성령님의 거듭나게 하시는 역사를 통제하지도 이해하지도 못한다고 말씀하셨다.

> 바람이 임의로 불매 네가 그 소리는 들어도 어디서 와서 어디로 가는지 알지

못하나니 성령으로 난 사람은 다 그러하니라. (요 3:8)

하나님이 성령님을 통해 우리를 새 생명으로 거듭나게 하시는 은혜는 우리가 "저항할 수 없는 은혜"다.

거듭남의 특징

평생에 한 번 일어나는 일

거듭남의 역사는 평생에 한 번만 일어난다. 한 번 거듭난 사람이 다시 예수를 구주로 영접하고 거듭나는 일은 있을 수 없다.

단숨에 일어나는 일

거듭남이란 한순간에 일어나는 일이다. 영적으로 죽었다가 갑자기 영적으로 살아나는 일이다.

두 가지 종류의 체험

거듭남은 한순간에 일어나는 일이지만, 자신이 언제 거듭났는지를 분명히 인식하는 사람도 있는 반면에 어떤 사람은 자신이 언제 거듭났는지는 몰라도 자신이 거듭났음을 확신하는 경우는 많다. 특히나 믿는 가정에서 태어나 교회 안에서 자란 사람들은 자신이 거듭난 시점을 잘 모르는 경우가 많다.

절대로 취소할 없다

육신적으로 태어난 사실을 거부할 수 없듯이 영적으로 거듭난 사람도 그 거듭남을 부인하거나 취소할 수 없다.

거듭난 사람들의 특징

말씀과 진리에 대한 욕구

육신으로 태어난 사람이 음식에 대한 욕구를 본능적으로 갖게 되듯, 영적으로 거듭난 사람도 영의 양식인 말씀과 진리에 대한 욕구를 갖게 된다.

죄에 대한 새로운 자각

거듭난 사람은 죄에 대한 새로운 차원의 깨달음을 갖게 되며, 이 깨달음과 자각은 점점 커진다. 거듭난 사람에게는, 죄를 완전히 멀리할 수는 없더라도, 지속적으로 죄를 가까이하는 것이 불가능해진다(요일 3:9).

하나님으로부터의 보호와 사랑

육신의 부모가 자식을 보호하고 사랑하듯, 하나님은 영적으로 거듭난 당신의 자녀들을 보호하고 사랑하신다. 하나님은 당신의 자녀들을 사탄과 세상의 유혹으로부터 지키시며, 때로는 이들을 징계하심으로써 당신의 사랑을 나타내신다(히 12:5-8).

세상을 이김

거듭난 사람에게는 세상의 유혹과 두려움을 이길 수 있는 믿음이 주어진다(요일 5:4).

성품의 변화

어떤 교회는 거듭남의 특징으로 초자연적인 현상들을 강조한다. 예를 들어 방언의 능력 같은 것이다. 하지만 성경 어디에서도 예수님이나 사도들이 거듭남의 증거로 초자연적인 일을 언급한 적이 없다. 오히려 주님은 이런 생각을 심히 경계하셨다.

> 그 날에 많은 사람이 나더러 주여 주여 우리가 주의 이름으로 선지자 노릇 하며 주의 이름으로 귀신을 쫓아 내며 주의 이름으로 많은 권능을 행하지 아니하였나이까 하리니 그 때에 내가 그들에게 밝히 말하되 내가 너희를 도무지 알지 못하니 불법을 행하는 자들아 내게서 떠나가라 하리라. (마 7:22-23)

초자연적인 역사는 사탄에 의해서도 얼마든 일어날 수 있다. 오히려 성경은 성령으로 거듭난 사람에게서 성령의 열매, 즉 성품의 변화가 일어날 것이라고 말한다.

> 오직 성령의 열매는 사랑과 희락과 화평과 오래 참음과 자비와 양선과 충성과 온유와 절제니 이 같은 것을 금지할 법이 없느니라. (갈 5:22-23)

주님은 또한 그 열매로 그 나무를 알 수 있다고 하셨다(마 7:16-20).

거듭남과 회심

거듭남이 하나님의 전적인 역사라면, 회심은 이 거듭남의 역사를 체험한 사람들에게 나타나는 눈에 보이는 반응이다. 진정으로 거듭난 사람은 예수 그리스도를 믿는 믿음을 가지고 하나님을 예배하는 삶을 살 것이며, 죄를 불편하게 여기고 의를 좇으려는 모습을 보인다. 이들은 이전의 죄스럽고 세상적인 모습들을 하나씩 버릴 것이며, 점점 더 하나님과 하나님의 사람들을 사랑하고 섬기는 삶으로 나아갈 것이다. 또한 진정으로 거듭난 사람은 회심의 모습을 보이게 되며, 참다운 회심의 모습이 없다면 그것은 아마도 거듭나지 않았기 때문일 수 있다.

관련 및 적용 질문들

❶ 당신은 하나님의 부르심을 받고 거듭났는가? 그렇다면 어떻게 그 사실을 확신하는가?

❷ 영적인 논리로 볼 때 거듭남과 믿음은 어떤 순서로 일어난다고 생각하는가? 거듭남이 먼저라고 생각하는 입장과 믿음이 먼저라고 생각하는 입장의 근본적인 차이는 무엇이라고 생각하는가?

❸ 복음을 전했는데도 반응이 없는 사람들 때문에 자책해 본 일이 있는가? 주위의 사람들이 예수를 받아들이지 않는 근본적인 이유가 자신이 잘 전하지 못해서라고 생각한다면, 이번 장은 우리에게 어떤 자세와 태도를 가지라고 가르치는가? 또한 복음을 전하는 것이 왜 중요한가?

❹ 거듭나지 않은 사람도 교회에 꾸준히 다니고 봉사를 열심히 할 수 있을까? 어떻게 가능할까?

14

칭의와 성화

기독교의 진리 중 핵심은 구원이다. 그 구원의 과정 중에서도 칭의는 모든 그리스도인이 알아야 할 너무나 중요한 핵심 진리다. 칭의란 모든 만물의 재판장 되시는 하나님이 예수 그리스도를 믿는 자들에게 즉각적으로 베푸시는 은혜며, 이는 모든 죄의 용서와 더불어 하나님 앞에 떳떳이 설 수 있는 자격을 의미한다. 이러한 칭의의 은혜가 가능한 이유는 하나님의 은혜로 모든 믿는 사람에게 예수 그리스도의 의로우심이 주어지기 때문이다. 십자가에서 주님은 우리의 죄를 대신 짊어지셨으며 또 자신의 의를 우리에게 거저 베푸셨다. 이것을 신학적인 용어로 "전가"(Imputation)라고 부른다.

하나님이 죄를 알지도 못하신 이를 우리를 대신하여 죄로 삼으신 것은 우리로 하여금 그 안에서 하나님의 의가 되게 하려 하심이라. (고후 5:21)

그리스도 안에서 우리의 죄가 그리스도에게 전가되고 그리스도의 의가 우리에게 전가되었는데, 이를 "이중전가"(Double imputation)라고 부른다. 이 이중전가의 바탕은 죄인을 향한 하나님의 사랑이다.

칭의가 의미하는 것들

하나님으로부터 법적으로 무죄를 선고받은 상태
칭의란 형법적인 관점에서 자신의 죄에 대한 형벌을 받지 않아도 되는 상태를 의미한다.

> 그러므로 이제 그리스도 예수 안에 있는 자에게는 결코 정죄함이 없나니. (롬 8:1)

하나님 앞에서 죄에 따른 정죄를 받지 않고 오히려 의롭다고 여겨짐
칭의란 단순히 죄가 없는 상태가 아니라 의로워진 상태다. 이는 단순히 죄만 용서받은 무죄하고 결백한 상태가 아니라, 의로움의 자격을 얻은 상태다(롬 4:25). 이는 마치 빚쟁이의 빚만 탕감해 준 것이 아니라 엄청난 부자로 만들어 준 것과 같다.

칭의란 단숨에 즉각적으로 주어진 상태
칭의는 점진적으로 주어지는 것이 아니라, 거듭남과 동시에 즉각적으로 그리고 영원히 주어진다.

오직 하나님이 주시는 일방적인 은혜

칭의란 오직 하나님이 베푸시는 일방적인 은혜며, 여기에 인간의 노력이나 공로는 조금도 들어가지 않는다.

모든 믿는 자에게 동일하게 주어진 자격

칭의는 모든 믿는 자에게 동일하게 주어진 은혜이기에, 사람에 따라 더하고 덜하고의 구별이나 차이가 없다.

칭의를 얻는 길

앞에서도 언급했듯이 칭의란 결국 하나님 앞에 당당히 설 수 있는 자격을 말한다. 즉 칭의란 하나님께 받아들여지고 또 천국에 갈 수 있는 자격을 지닌 상태다. 사실 이 칭의는 그리스도인뿐 아니라 대부분의 종교인이 추구하는 최고의 가치다. 그러나 기독교와 다른 종교의 칭의에 이르는 길은 완전히 다르다. 다른 종교의 칭의가 신을 향한 인간의 노력을 쌓아 가는 길이라면, 기독교의 칭의는 하나님이 위로부터 주신 은혜의 길이다. 칭의란 하나님과 인간 사이의 간격이 좁아지는 길이고, 성경은 이것이 인간의 노력에 의해서가 아니라 오직 하나님의 은혜에 의하여 가능하다고 가르친다.

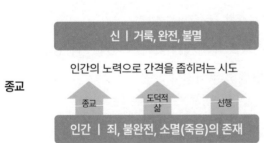

신 | 거룩, 완전, 불멸

복음
(예수의 십자가)

기독교(복음)

하나님에 의해 간격이 완전히 메워짐

인간 | 죄, 불완전, 소멸(죽음)의 존재

인간의 노력으로는 도저히 좁혀질 수 없는 하나님과의 간격이 하나님의 은혜로 좁혀지는 것처럼, 칭의도 하나님의 은혜와 믿음으로 주어지는 지극히 복된 선물이다. 다윗은 인간의 노력과 상관없이 오직 하나님의 은혜로 주어지는 이 칭의의 복을 이렇게 표현하였다.

> 일하는 자에게는 그 삯이 은혜로 여겨지지 아니하고 보수로 여겨지거니와 일을 아니할지라도 경건하지 아니한 자를 의롭다 하시는 이를 믿는 자에게는 그의 믿음을 의로 여기시나니 일한 것이 없이 하나님께 의로 여기심을 받는 사람의 복에 대하여 다윗의 말한 바 불법이 사함을 받고 죄가 가리어짐을 받는 사람들은 복이 있고 주께서 그 죄를 인정하지 아니하실 사람은 복이 있도다 함과 같으니라. (롬 4:4-8)

여기서 '일'이란 스스로 의를 이루어서 하나님 앞에 서려는 인간의 모든 종교적, 율법적, 도덕적 노력과 행함을 말한다. 하지만 이런 노력으로는 절대 하나님이 인정하실 의로움의 자격을 이룰 수 없다.

> 그러므로 사람이 의롭다 하심을 얻는 것은 율법의 행위에 있지 않고 믿음으로
> 되는 줄 우리가 인정하노라. (롬 3:28)

루터의 고뇌

1483년 독일에서 태어난 마르틴 루터(Martin Luther)는, 기독교 역사상 가장 영향력 있는 인물 중 하나로, 16세기 초 종교개혁의 도화선이 된 신학자요 사제다. 로마가톨릭의 열성적인 사제로서 루터는 하나님의 구원과 그것을 얻는 조건인 칭의가 예수와 십자가를 향한 믿음을 바탕으로 하는 인간의 행함과 노력의 결과로 주어진다고 믿었다. 이 때 루터가 가졌던 믿음은 구원의 믿음이 아니라 로마가톨릭의 가르침에 바탕을 둔 종교적인 믿음이었다. 20대의 젊은 사제였던 루터는 온갖 종류의 종교적인 노력을 통해 하나님께 받아들여질 자격, 즉 의로움을 얻으려고 몸부림쳤지만, 그 길은 점점 멀게만 느껴졌다. 하루에도 수 없이 죄를 고백하러 찾아오는 루터에게 담당 신부님은 너무 자주 찾아온다고 나무라기까지 하였다. 그는 수행과 고행을 통해 하나님께 가까이 다가가려 했지만, 사랑의 하나님을 만나기는커녕 오히려 하나님이 점점 싫어지고 무서워지는 마음만 갖게 되었다. 그러던 중 루터는 30세가 되던 1513년부터 성경을, 특히 로마서를 공부했고, 그 과정에서 로마서의 한 말씀인 "오직 의인은 믿음으로 말미암아 살리라"라는 진리의 의미를 깨닫게 되었다. 루터는 이 때 구원이 인간의 노력이나 행위로 주어지지 않고 하나님이 자신의 아들을 통해 십자가에서 베푸신 은혜를 믿음으로써 주어진다는 복음의 진리를 깨달은 것이다. 루터로 하여금 이것을 깨

닿게 하신 하나님은 그를 종교개혁의 도화선으로 사용하셨다.

칭의의 관점에서 볼 때, 루터가 깨달은 진리는 하나님의 의가 인간의 노력과 행위에 의한 점수를 바탕으로 '마지막에 주어지는 것'(final justification)이 아니라, 믿음과 동시에 미리 주어진다는 사실이다. 의를 얻는 길에는 두 가지가 있는데, 하나는 믿음의 길이며 다른 하나는 행함의 길이다. 하지만 행함의 길, 즉 종교의 길은 결국 의에 이를 수 없는 길이라는 것을 루터는 자신의 경험과 말씀의 진리를 통해 깨달을 수 있었다.

복음의 칭의 이외의 다른 의

종교를 가지고 있든 가지고 있지 않든 인간은 본능적으로 의에 대한 결핍을 지니고 있다. 따라서 어떤 수단과 경로를 통해서라도 의로움, 즉 자기정당성을 확보하려는 본능적인 노력을 하며 살아간다. 여기에는 다음과 같은 종류의 길이 있다.

종교적 의로움
말 그대로 종교적인 열심과 노력을 통해 의를 얻으려는 상태다.

도덕적 의로움
종교가 아니더라도 도덕적인 삶을 통해 의로움을 얻으려는 상태다.

상대적 의로움
자기보다 망가진 사람을 정죄하면서 '나는 저 사람과 달라'라고 생각함으로써 생기는 상대적 우월감으로 인한 의로움이다.

능력과 성취에 따른 의로움
세상에서 열심히 그리고 성공적으로 살면서 자신의 삶이 정당하다고 느끼는 상태다.

성화란?
성화는 하나님이 믿는 자들을 통해 점진적으로 이루시는 구원의 한 과정이다. 성화를 통해 성도는 점점 더 죄와 세상의 유혹과 욕심으로부터 자유롭게 되고 예수 그리스도를 닮아 가게 된다.

성화의 특징

거듭남과 동시에 시작된다
거듭난 사람은 거듭남과 동시에 죄와 도덕성에 대한 새로운 차원의 인식을 갖게 된다. 그것은 믿는 사람들에게 내주하시는 성령께서 성화의 일을 시작하시기 때문이다.

하나님과 인간이 함께하는 것이다
칭의가 하나님이 일방적으로 하시는 일이라면, 성화는 하나님의 주도하에 인간이 순종의 결단으로 참여하는 것이다.

너희 안에서 착한 일을 시작하신 이가 그리스도 예수의 날까지 이루실 줄을

우리는 확신하노라. (빌 1:6)

항상 복종하여 두렵고 떨림으로 너희 구원을 이루라. (빌 2:12b)

점진적으로 일어난다

칭의와 달리 성화는 점진적으로 일어나며, 사람마다 그 정도도 다르다. 말씀을 더 열심히 깨우치고 순종하는 사람이 그렇지 않은 사람보다 성화의 속도가 빠른 것은 당연한 이치다.

이 세상에서 완성되지 않는다

아무리 성화를 이루려고 노력하더라도 이 세상에서 성화가 완성되지는 않는다. 성화의 완성은 우리가 육신의 몸을 벗어나 천국에 가서야 이루어질 일이다.

성화의 증거와 열매

성화를 이루어 가는 사람에게는 어떤 증거와 열매가 나타날까? 무엇을 근거로 성화가 이루어져 가는지 알 수 있을까? 사실 성화는 삶의 전 영역에서 이루어진다. 성화의 증거와 열매가 나타나는 영역은 다음과 같다.

하나님과 사람 그리고 세상에 관한 성경 지식의 증가

성화를 이루어 가는 사람의 가장 근본적인 특징은 바로 말씀을 통해 하나님을 알아가고 또 사람과 세상의 본질과 이치를 알아가는 지식이 늘어난다는 점이다.

지혜의 증가

성화가 되어 가는 사람은 성경의 가르침과 지식을 바탕으로 성령님의 인도를 받으며, 따라서 대인관계와 세상에서 어떻게 생각하고, 행동하고, 결정할지에 대한 지혜로운 판단을 할 수 있게 된다.

성품의 변화와 감정의 안정

성화를 이루어 가면 성품이 점점 그리스도를 닮아 가며, 이러한 성품의 변화는 감정의 안정으로도 나타난다. 또한 부정적인 생각과 감정의 모습이 점점 더 성경적이고 긍정적인 모습으로 변해 간다. 그것은 성화를 통해 성령의 열매가 나타나기 때문이다.

> 오직 성령의 열매는 사랑과 희락과 화평과 오래 참음과 자비와 양선과 충성과 온유와 절제니 이 같은 것을 금지할 법이 없느니라. (갈 5:22-23)

도덕성의 향상

성화를 이루어 가는 사람은 도덕성이 하나님이 주신 것이며 이를 소홀히 여길 수 없음을 깨닫는다. 그러므로 죄를 멀리하고 의를 가까이하는 삶으로 나아가려고 노력한다.

자기중심성의 탈피

성화가 되는 사람들의 두드러진 특징 중 하나는 점점 자기 이야기나 자기 자랑이 줄어든다는 사실이다. 그 반면에 타인과 공동체에 대한 관심과 사랑과 섬김의 모습이 점점 늘어난다.

베드로는 이러한 성화의 과정과 열매를 다음과 같이 설명한다.

> 그러므로 너희가 더욱 힘써 너희 믿음에 덕을, 덕에 지식을, 지식에 절제를, 절제에 인내를, 인내에 경건을, 경건에 형제 우애를, 형제 우애에 사랑을 더하라. (벧후 1:5-7)

칭의와 성화의 상관관계

칭의는 성화의 출발점이다. 그러므로 칭의와 성화는 뗄 수 없는 관계다. 성화를 무시하고 칭의만 강조하면 구원파와 같은 도덕불감증이 되는 것이고, 칭의를 모르고 성화만 추구하면 율법주의 종교가 되는 것이다.

칭의와 성화의 다른 점

칭의와 성화의 다른 점들을 정리해 보면 칭의와 성화에 대한 이해가 더 분명해질 것이다.

칭의	성화
법적 그리고 존재적 선언	체험적인 과정
전적으로 하나님이 하시는 일	하나님의 주도하에 인간의 순종의 참여
단번에 그리고 영원히 주어짐	점진적으로 이루어짐
이 세상에서 완성됨	이 세상에서 완성될 수 없음
모든 그리스도인에게 동일함	개인마다 성화의 정도가 차이가 남

관련 및 적용 질문들

❶ 하나님이 당신의 존재를 의롭다고 여기신다는 것을 믿는가? 그렇다면 이 믿음을 언제 그리고 어떻게 가지게 되었는가?

❷ 이번 장에서 공부한 내용을 바탕으로 당신이 이해하는 로마가톨릭과 기독교의 근본적인 차이를 나열해 보자.

❸ 자신이 기대는 의가 복음으로부터 주어진 것인지 아니면 스스로 만들어 가는 것인지 알기 위해서는 이런 질문을 스스로에게 해보면 될 것이다. "나는 내가 가진 의를 지렛대로 사용하여 하나님이 내가 원하는 것을 주시도록 만들려고 하는 경향이 있는가?" 이러한 잘못된 의로움의 예를 들어보자.

❹ 믿음을 가지고 난 뒤, 당신의 삶에서 하나님이 성화의 일을 이루어 가심을 어떻게 깨닫게 되었는가? 믿기 전과 후에 어떤 변화가 나타났는가?

❺ 믿는 사람마다 오랫동안 씨름하고 시달리는 자기만의 죄의 영역이 있다. 그런데 죄와의 씨름이라는 성화의 과정 가운데 자신의 의의를 굳게 믿으며 성화를 추구하는 것과 칭의에 무지한 가운데 성화를 추구하려는 삶에는 어떤 차이가 있을까?

15

성도의 견인

성도의 견인이란?

　정말로 거듭난 그리스도인이 구원을 잃을 수 있을까? 또 누군가가 정말로 거듭났는지는 어떻게 알 수 있을까? 성도의 견인이란, 진정으로 거듭난 모든 하나님의 자녀가 하나님의 권능과 뜻에 의해 삶이 다하는 날까지 구원 상태가 유지됨을 의미한다. 끝까지 구원 상태로 남아 있는 사람이 진정으로 구원을 받은 사람이다. 중간에 믿음을 떠나는 사람은 진정으로 거듭난 사람이 아니라고 말할 수밖에 없다. 주님은 한 번 자신의 백성이 된 자들을 절대로 잃거나 버리지 않으시기 때문이다.

　나를 보내신 이의 뜻은 내게 주신 자 중에 내가 하나도 잃어버리지 아니하고 마지막 날에 다시 살리는 이것이니라. 내 아버지의 뜻은 아들을 보고 믿는 자마다 영생을 얻는 이것이니 마지막 날에 내가 이를 다시 살리리라 하시니라.

(요 6:39-40)

진정으로 구원을 받은 사람은 마지막 부활의 영원히 축복된 삶으로 나아가도록 예정되어 있다. 다른 누구도, 심지어 우리 스스로도 이 정해진 구원의 복된 운명을 바꿀 수 없다. 이것이 우리 주님의 약속이다. 스스로가 믿지 않기로 마음을 바꿀 수 있다면, 그것은 처음부터 정말로 믿은 것이 아니었기 때문이다.

> 내가 그들에게 영생을 주노니 영원히 멸망하지 아니할 것이요 또 그들을 내 손에서 빼앗을 자가 없느니라. (요 10:28)

구원의 확신과 의심 사이를 살아가는 성도들

예수를 믿고 거듭난 성도들 중에도 자신이 정말로 구원받았는지 의심하는 사람이 상당히 많다. 이것은 참 안타까운 현실인 동시에 해결되어야 할 문제다. 하늘나라의 시민권을 이미 가지고 있으면서 죽는 날까지 그 사실을 의심하며 신앙생활을 한다면 얼마나 안타까운 일인가? 믿는 성도가 자신의 구원에 대해 확신을 가지는 것은 신앙생활에서 너무나 중요한 일이다. 생각해 보라. 자신의 구원을 의심하면서 고난을 견디거나, 죄책감에 시달리거나, 심지어 죽음의 문턱에 다가간다면 얼마나 힘들고 무섭겠는가? 천국과 지옥의 존재를 믿으면서도 정작 자신이 천국에 갈 수 있을지 끊임없이 의심하며 살아간다면 얼마나 불안하겠는가? 이러한 사실을 너무나 잘 아는 사탄은 구원받은 성도가 자신이 구원받았다는 놀라운 사실을 믿지 못하고 오히려 의심하도록 끊임없이 방해하고 공격한다. 사탄은 우는 사자처럼 이리저리 돌아다니며 연약하고 심약한 성도들을 의심이라는 이빨로 물어뜯어 이들에게서 구원의 확신으로부터 나오는 평강과 기쁨을 앗아가려 한다. 사실 구원받은 성도에게 다가오는 영적인 공격 중에 가장 일반적인 것이 바로 구원의 확신에 관한 부분이다. 그러므로 구원을 받은 성도에게 가장 우선적인 영적 무장은 자신이 받은 구원에 대한 확신을 가지는 것이다. 베드로는 이렇게 권면한다. "그러므로 형제들아 더욱 힘써 너희 부르심과 택하심을 굳게 하라"(벧후 1:10). 베드로의 권면은 힘써서 구원을 받으라는 말이 아니라 이미 주어진 구원에 대한 확신을 가지라는 말이다. 그러므로 우리는 이미 받은 구원을 의심하지 말고 하나님이 선물로 주신 구원의 은혜를 확신하는 가운데 진정한 평강을 누리는 믿음의 삶을 살아야 한다.

구원을 확신할 수 없는 경우

비성경적인 믿음

구원이 오직 예수를 믿음으로 주어지는 하나님의 선물이 아니라 하나님과 인간 사이의 상호작용의 결과라고 생각하는 경우에는 구원을 확신할 수 없다. 예수를 믿지만 그 믿음과 더불어 자신이 어떻게 살아가느냐에 따라 구원이 좌지우지될 수 있다고 생각한다면, 절대로 구원을 확신할 수 없다. 로마가톨릭 교인들이나 개신교인 중에도 이런 비성경적인 교리를 믿는 경우가 있는데, 이러한 경우는 아마도 구원을 받은 게 아닐 테니 받지도 않은 구원을 확신할 수도 없을 것이다. 하나님이 구원의 확신을 가지라고 말씀하시는 이유는 구원이 인간의 노력이나 행위에 달린 것이 아니라 전적인 하나님의 선물이기 때문이다.

자신의 체험을 주된 바탕으로 확신하는 경우

어떤 사람은 자신이 한 신비로운 체험을 구원의 증거로 이야기한다. 꿈을 꿨다든지, 방언을 한다든지, 귀신을 내쫓는 체험에 동참했다든지 하는 것들을 토대로 자신이 구원을 받았을 것이라고 가정한다. 또 어떤 사람은 자신이 태어날 때부터 교회를 다닌 소위 "모태신앙"이기 때문에 당연히 하나님의 자녀일 것이라고 믿는다. 이러한 체험은 구원을 받은 사람에게도 나타나는 일이지만, 그 자체만으로 구원의 증거가 될 수는 없다. 오히려 예수님은 이런 체험을 바탕으로 구원을 확신하는 사람들을 꾸짖으시며 그들이 구원과 전혀 상관이 없을 거라고 말씀하셨다.

> 그 날에 많은 사람이 나더러 이르되 주여 주여 우리가 주의 이름으로 선지자 노릇하며 주의 이름으로 귀신을 쫓아내며 주의 이름으로 많은 권능을 행하지 아니하였나이까 하리니 그 때에 내가 그들에게 밝히 말하되 내가 너희를 도무지 알지 못하니 불법을 행하는 자들아 내게서 떠나가라 하리라. (마 7:22-23)

영접기도를 했기 때문에

20세기에는 많은 대학생 선교 단체들이 일어나서 교회가 감당하기 힘든 일들을 했다. 이러한 선교 단체들 중 많은 단체가 전도에 초점을 두고 열심히 전도를 했다. 그러한 노력으로 소중한 열매를 맺기도 했지만, 한편으로는 잘못된 구원의 확신을 심어 준 일도 허다했다. 예를 들어, 이들은 복음을 전하고 그것을 들은 사람으로 하여금 영접기도를 하게 한 뒤에 이렇게 말하곤 했다. "이제 예수님을 구주로 영접했고 구원을 받았으니 절대로 의심하지 마십시오." 사실 이렇게 영접기도를 한 사람들 중에 꾸준히 교회를 다니는 사람은 소수에 불과하다. 누군가가 복음을 듣고 영접기도를 했더라도 그 기도가 진심이었는지는 시간이 지나야 알 수 있는데, 하나님이 하시는 영적인 일을 인간이 마음대로 도식화해서 결론을 짓는다는 것은 아주 잘못된 일이다.

구원을 의심하는 주된 이유

말씀에 비추어 볼 때 너무나 부족한 자신의 모습
사실 말씀의 높은 기준에 비추어볼 때 스스로 자신의 부족함을 느끼지 않는 사람은 없을 것이다. 말씀을 읽으면서 그 말씀의 요구와 기준에 너무나 못 미치는 자신의 모습을 느끼다 보면 '내가 과연 구원을 받은 사람이 맞는가?'라는 의심이 들기도 한다. 하지만 말씀의 높은 기준이 우리 마음을 불편하게 할 때가 있더라도 이는 길게 보면 은혜가 되는 것이다. 우리가 말씀의 기준을 통해 자신의 부족한 삶을 돌아보고, 정말로 구원을 받은 사람이라면 이렇게 살아서는 안 된다는 자각을 하게 되기 때문이다.

죄책감

성도들은 자신이 하나님의 구원을 받은 거룩한 백성이므로 죄를 이기고 살아야 한다고 생각한다. 사실 틀린 생각은 아니지만, 구원을 받은 성도라도 이 땅에서는 육신을 가지고 살기 때문에 끊임없이 죄와 씨름하고 때로 죄의 유혹에 넘어지기도 한다. 특별히 성격상 죄책감을 무겁게 느끼는 사람들이 죄로 넘어진 자신을 용납하기 힘들어 한다. 물론 죄를 짓지 않도록 노력해야 하지만, 죄에 넘어지더라도 우리는 예수 그리스도의 십자가를 통해 주어진 하나님의 용서의 은혜를 적용하고 다시 일어나야 한다. 그렇지 않으면 당연히 구원을 의심하게 된다.

자신의 구원 순간을 잘 모르는 경우

자신이 구원받은 순간을 아는 사람도 있지만 그렇지 못한 사람이 사실 훨씬 많다. 이것은 결코 이상한 일도 잘못된 일도 아니다. 그럼에도 언제 영적으로 거듭났는지를 확실히 가리킬 수 있는 사건이나 계기가 없어서 자신의 구원을 의심하는 경우가 종종 있다. 특히 누군가의 극적인 회심 간증을 듣다 보면, '나에게는 왜 그런 극적인 순간이 없을까?' '혹시 나는 구원을 받지 않은 것인가?' 하는 의심을 하게 된다. 하지만 극적인 체험 없이 하나님을 서서히 그리고 꾸준히 믿는 사람이 더 좋은 신앙을 가진 경우도 많다. 이런 사람들은 믿음의 환경 안에서 꾸준히 자랐기 때문에 그 뿌리가 더 단단할 수 있기 때문이다.

잦은 고난

유독 자신에게만 힘든 일이나 좋지 않은 일이 자주 일어난다고 생각하다가 혹시 자신은 하나님이 사랑하시는 자녀가 아닌가 의심할 때가 있다. 다른 사람보다 자신의 삶이 훨씬 불행하다고 느껴질 때, 하나님의 사랑과 구원에 대한 의심이 들 때가 있다. 하지만 고난은 하나님이 당신이 사랑하시는 자녀들을 당신께 더 가까이 다가오도록 끌어당기시는 도구다. 야고보는 고난이 믿음에 유용하도록 하나님이 사용하시는 도구임을 알려 준다.

> 내 형제들아 너희가 여러 가지 시험을 당하거든 온전히 기쁘게 여기라. 이는 너희 믿음의 시련이 인내를 만들어 내는 줄 너희가 앎이라. 인내를 온전히 이루라. 이는 너희로 온전하고 구비하여 조금도 부족함이 없게 하려 함이라. (약 1:2-4)

야고보서의 이 구절 외에도, 성경에는 고난이 하나님이 자신의 사랑하는 자녀들의 믿음을 단단히 하기 위해 자주 쓰시는 도구임을 알려 주는 구절이 많다. 사실 고난은 믿음으로 잘 적용하면 구원을 의심하도록 만드는 것이 아니라 구원의 확신을 길러 주는 훌륭한 선생님이 될 수 있다.

구원의 확신 가운데 단단해지려면

말씀과 친숙해야 한다

하나님은 당신의 자녀들이 구원받았음을 알고 살아가기를 원하신다. 하나님은 우리가 구원을 의심하는 불안함 가운데 사는 것을 원하지 않으신다.

> 또 증거는 이것이니 하나님이 우리에게 영생을 주신 것과 이 생명이 그의 아들 안에 있는 그것이니라. 아들이 있는 자에게는 생명이 있고 하나님의 아들이 없는 자에게는 생명이 없느니라. 내가 하나님의 아들의 이름을 믿는 너희에게 이것을 쓰는 것은 너희로 하여금 너희에게 영생이 있음을 알게 하려 함이라. (요일 5:11-13)

요한은 구원을 받았지만 자신이 받은 구원을 의심하던 성도들에게 그들이 이미 영생을 얻었음을 알려 주려 했다. 이러한 구원의 확신과 관련된 말씀을 외우고 있으면 의심의 순간이 다가올 때 절대적인 도움이 된다. 자신의 느낌이나 체험에 의존하는 불안한 확신이 아니라, 가장 확실한 하나님의 말씀에 근거하여 사탄의 공격에 맞서 싸우고 이길 수 있기 때문이다. 바울은 에베소서에서 우리의 가장 확실한 무기는 성령의 검, 곧 말씀이라고 했다(엡 6:17). 사탄은 믿는 자가 구원을 의심하도록 수시로 공격한다. "너는 네가 정말 구원을 받았다고 생각하니? 눈에 보이지도 않는 구원을 어떻게 확신할 수 있니? 구원받은 사람이라면 증거를 대 보아라" 등. 이럴 때 많은 사람은 하나님께 구원을 받고 처음 흘렸던 눈물이나 마음의 감격과 감동의 순간들을 기억하고 의지하면서 이러한 의심을 물리치려 한다. 하지만 체험에만 바탕을 둔 확신은 점점 더 의심의 나락으로 빠져들고 불안해지는 경우가 자주 있다. 구원의 확신을 공격하는 사탄과 마귀를 이길 수 있는 가장 확실한 길은 말씀을 통해 주시는 단단한 믿음으로 사탄이 주는 의심에 맞서는 것이다. 우리가 이렇게 대응할 때, 광야에서 주님을 시험하고 공격하던 사탄이 말씀을 의지하신 주님을 견디지 못하고 물러난 것처럼, 말씀을 의지하는 우리에게도 사탄이 더 이상 구원의 의심으로 공격할 수 없을 것이다. 사탄의 입장에서는 말씀으로 확신을 얻은 사람을 공격하는 일이 시간낭비에 불과하기 때문이다.

내주하시는 성령님을 기도로 의지해야 한다

하나님에 관해 알아가는 것과 하나님을 알아가는 것에는 커다란 차이가 있다. 물론 둘 다 중요하고 서로 밀접한 관계가 있다. 성경 공부나 설교를 통해 우리는 하나님에 관한 진리들을 알아간다. 하지만 하나님에 관한 진리가 하나님을 개인적으로 알아가는 일에 적용되지 못하고 지식에 머문다면 구원의 확신과 기쁨을 누릴 수 없을 것이다. 예수님은 "영생은 곧 유일하신 참 하나님과 그가 보내신 자 예수 그리스도를 아는 것이니이다"(요 17:3)라고 말씀하셨다. 하나님을 자신의 하나님으로, 예수님을 자신의 주인으로 알아가는 것은 영생, 즉 구원을 얻은 것을 깨닫고 확인하는 길이다. 누군가를 알아간다는 것의 성경적 의미는 친밀한 관계와 교제를 의미한다. 성령님은 이러한 하나님과의 관계가 갖는 친밀성을 깨닫게 해 주시고 우리로 맛보게 하신다. 바울은 이러한 성령님의 역할에 대해 로마서에서 "성령이 친히 우리의 영과 더불어 우리가 하나님의 자녀인 것을 증언하시나니"(롬 8:16)라고 설명한다. 이 성령님은 주로 기도 가운데 역사하시는 분이다. 그러므로 성령께서 하나님과 자신과의 친밀한 관계를 깨닫도록 이끄시길 기도하는 것이 구원의 확신으로 나아가는 길이다.

예수 그리스도가 주인 된 삶을 살아야 한다

많은 사람이 예수님을 자신의 구원자로는 받아들이지만 주인으로는 받아들이지 않으려 한다. 여전히 자신이 주인으로 살아가려는 삶에는 참된 평안도, 구원의 확신과 기쁨도 자리잡기 힘들다. 하지만 예수 그리스도가 자신의 주인 되심을 인정하고, 그분께 믿음으로 순종하는 삶에는 성령의 충만함과 구원의 확신이 함께 주어진다. 하나님을 기쁘시게 하는 삶이 구원의 조건은 아니지만, 구원의 확신으로 인한 기쁨을 누리는 일과는 밀접한 관계가 있다.

구원을 가장 소중한 보물로 인식하고 살아야 한다

우리에게 주어진 구원의 선물은 결코 값싼 무엇이 아니다. 이는 사실 이 세상 그 어떤 것과도 비교할 수 없는 하나님의 크신 은혜다. 우리가 이처럼 큰 구원의 선물을 등한시하고 세상의 것들을 더 추구하는 마음상태로 살아간다면, 구원의 확신을 머리로는 유지할 수 있을지 몰라도 그 감격과 기쁨을 마음으로 누리지는 못할 것이다. 구원의 확신 가운데 살아가려면 구원의 완성이 되는 주님의 오심과 하늘나라의 임하심을 바라보는 믿음으로 살아가야 한다. 세상 재미와 성공에 사로잡힌 마음으로는 구원의 확신이 주는 풍성한 은혜와 기쁨을 맛볼 수 없다.

관련 및 적용 질문들

❶ 하나님의 구원을 얻기 위해 인간이 할 수 있는 일은 무엇인가?(참조. 엡 2:8-9)

❷ 죄와의 씨름에서 넘어지면서도 어떻게 구원의 확신을 유지할 수 있을 까?(참조. 요일 1:9)

❸ 하나님이 정말로 나를 용서하시고 무조건적으로 그리고 영원히 받아들이 셨다는 사실을 어떻게 믿을 수 있을까?(참조. 사 1:18; 43:25; 엡 1:4-7; 롬 8:33-39)

❹ 구원을 잃을 수 있다고 주장하는 사람들이 주로 인용하는 말씀이 히브리서 6:4-9이다. 하지만 이 말씀은 진정으로 거듭난 사람이 구원을 잃을 수 있다는 뜻이 아니다. 그렇다면 이 말씀의 진정한 의미는 무엇일까?("지적이해와 믿음"의 차이, "외형적 참여와 내적인 관계", "우리와 그들" 그리고 "열매 있음과 없음"의 차이를 중심으로 생각해 보자).

❺ 예수 그리스도를 믿는 믿음이 있다고, 심지어 개인적인 신앙의 체험이 있다고 하면서도 실제 말이나 행동은 주로 교회의 순수성을 파괴하고 화합이 아니라 분열을 조장하는 쪽으로 나타난다면 이것을 어떻게 이해해야 할까?

❻ 구원의 확신뿐 아니라 그 기쁨 가운데 자라가는 사람에게는 어떤 열매가 나타날까?(참조. 갈 5:22-23; 롬 5:1-4; 요일 5:4 등)

16

교회

교회의 정의

성경이 말하는 교회의 진정한 의미는 무엇일까? 이 세상에는 몇 개의 교회가 존재할까? 하나님이 보실 때 이 세상에는 단 하나의 영적 교회만 존재할 뿐이다. 시대와 지역을 초월해 진정으로 거듭난 모든 믿는 자의 모임이 교회다. 예수 그리스도가 오시기 전에 오실 메시아를 믿었던 진정한 하나님의 백성, 그리고 그들과 더불어 예수 그리스도가 오신 후에 복음의 진리를 믿고 성령의 역사로 거듭난 모든 성도가 모여서 하나의 전 우주적인 교회를 이루게 된다. 예수님은 바로 이 교회를 위해 자신을 십자가에 내어 주셨다(엡 5:25). 따라서 교회는 그리스도의 몸이며, 그리스도는 교회의 머리시다.

> 교회는 그의 몸이니 만물 안에서 만물을 충만하게 하시는 이의 충만이니라.
>
> (엡 1:23)

구약 시대에도 교회, 즉 하나님 백성들의 모임이 존재했지만, 오늘날과 같은 교회의 개념은 신약 시대에 와서 시작되었다. 예수님은 당신의 수제자 베드로가 "주는 그리스도시요 살아 계신 하나님의 아들이시니이다"(마 16:16)라고 고백했을 때 "내가 이 반석 위에 내 교회를 세우리니"(마 16:18)라고 말씀하셨다. 하지만 교회라는 이름을 쓰지 않았을 뿐 구약 시대에도 하나님 백성들의 공동체로서 교회는 존재했다. 스데반은 순교를 당하면서 한 마지막 설교에서 구약의 이스라엘 공동체를 교회라고 불렀다.

> 시내 산에서 말하던 그 천사와 우리 조상들과 함께 광야 교회에 있었고 또 살아 있는 말씀을 받아 우리에게 주던 자가 이 사람이라. (행 7:38)

교회는 헬라어로 '에클레시아'(ekklesia)라고 하는데, 이는 '부르심을 받아서 따로 모인 공동체'를 뜻한다. 즉 교회란 세상으로부터 따로 떨어진, 하나님의 부르심을 받은 성도들의 모임이다.

따라서 성도란 하나님께 부르심을 받고 세상으로부터 구별된 거룩한 자들을 뜻한다.

눈에 보이는 교회와 눈에 보이지 않는 교회

앞에서 살폈듯이, 진정한 의미에서의 교회란 영적으로 거듭나 구원의 믿음을 지닌 자들의 모임을 말한다. 그렇다면 우리가 일반적으로 교회라고 부르는 지역 교회들과 진정한 교회는 분명 차이가 있다. 모든 교인이 진정으로 거듭난 하나님의 자녀는 아니기 때문이다. 사람의 눈에 보이는 교회와 하나님의 눈에 보이는 교회는 분명히 다르다는 것이다. 일반적으로 각 지역의 교회에는 정말로 거듭난 사람도 있지만, 그렇지 않은 상태로 종교생활을 하는 사람도 적지 않다. 이러한 차이를 구별하기 위해 "눈에 보이는 교회"와 "눈에 보이지 않는 교회"라는 표현을 사용한다. 그 특징을 살펴보자.

눈에 보이는 교회는 일반적인 교회와 그 안에 소속된 교인의 모임을 의미한다. 이는 예수를 구주로 고백하고 세례를 받고 지역 교회의 일원으로서 신앙생활을 해 나가는 사람들을 총체적으로 일컫는 말이다.

눈에 보이지 않는 교회란 교회에 소속되어 신앙생활을 해 나가는 사람 중에서 진정으로 복음의 진리를 깨닫고 거듭나서 구원의 믿음을 지닌 사람들을 일컫는 말이다. 이들은 하나님이 아시는 참 성도들이다.

> 그러나 하나님의 견고한 터는 섰으니 인침이 있어 일렀으되 주께서 자기 백성을 아신다 하며. (딤후 2:19a)

눈에 보이는 교회 안에 눈에 보이지 않는 교회가 있다. 따라서 눈에 보이지 않는 교회가 눈에 보이는 교회보다는 수적으로 적다.

눈에 보이지 않는 교회의 영적 구성원이 바로 천국의 시민권자다.

각각의 지역 교회는 따로 떨어진 여러 개의 교회지만, 그 모든 교회 안에 존재하는 눈에 보이지 않는 진정한 교회는 하나다.

16
교회

교회의 본질과 특성을 설명하기 위해 성경은 다양한 은유적 표현을 사용한다.

가족

교회란 하나님의 가족 공동체다. 바울은 이러한 교회의 가족 공동체적 성격을 자주 언급하였다(딤전 5:1-2).

그리스도의 몸

그리스도는 교회의 머리시며 교회는 그분의 몸이다(골 1:18).

그리스도의 신부

그리스도는 교회의 신랑이시며 교회는 그분의 신부다(엡 5:32).

나뭇가지

그리스도는 포도나무이시며 교회는 그 가지다(요 15:5).

하나님의 집

교회는 하나님이 영으로 거하시는 집이다(히 3:6).

진리의 기둥과 터

교회는 하나님의 진리의 터전이며 또한 기둥이다(딤전 3:15). 따라서 교회는 진리의 보물창고와 같은 곳이다.

진짜 교회와 가짜 교회의 특징

교회 건물에서 매주 예배를 드린다고 해서 모두가 진정한 의미에서의 교회는 아니다. 성경은 종교의식의 외적 형태를 갖추었더라도 진짜 교회가 아닐 수 있다고 경고한다. 거짓 선생의 거짓 가르침을 따르는 교회는 겉으로는 교회의 모습을 지니고 있을지라도 내면적으로는 사탄의 소굴과 같은 곳이다. 그렇다면 진정한 교회는 어떤 곳일까? 바로 복음의 진리를 올바르게 그리고 주기적으로 가르치는 곳이다. 사도 바울은 이 은혜의 복음 외의 다른 복음, 즉 율법주의나 도덕주의, 기복신앙이나 인본주의로 복음의 진리를 왜곡하는 교회는 진정한 교회의 모습이 아니며 오히려 하나님의 저주를 받을 거라고 경고했다.

> 그러나 우리나 혹은 하늘로부터 온 천사라도 우리가 너희에게 전한 복음 외에 다른 복음을 전하면 저주를 받을지어다. 우리가 전에 말하였거니와 내가 지금 다시 말하노니 만일 누구든지 너희가 받은 것 외에 다른 복음을 전하면 저주를 받을지어다. (갈 1:8-9)

따라서 중세의 로마가톨릭처럼 복음을 상실하고 종교적 율법주의나 세속적 타락의 모습으로 변질된 교회는 진리를 가르치는 진정한 교회가 아니라 오히려 복음의 진리를 변질시킨 이단과도 같은 곳이다. 오늘날도 교회의 형태는 지니고 있지만 행위에 의한 구원을 가르치는 여호와의 증인이나, 세상의 성공을 위한 방편으로 신앙을 가르치는 곳은 교회의 모습을 지니고 있더라도 진정한 교회가 아니다. 결론적으로 진정한 교회란 한 가지 중요한 일, 즉 복음의 순수성을 지키고 선포하는 일을 꾸준히 그리고 충실하게 해 나가는 진리의 공동체여야 한다.

교회의 목적

교회란 다음과 같은 고유의 기능과 목적을 지니고 있다.

하나님을 예배하는 공동체

교회란 하나님을 예배하는 영적인 공동체다. 예배란 인간이 창조되고 존재하는 가장 근본적인 이유다. 우리는 하나님의 영광을 선포하고 찬양하기 위해 만들어진 피조물이다(골 1:16).

성화를 추구하는 공동체

교회란 세상으로부터 구별된 하나님의 백성들이 모여서 하나님을 닮아 가는 성화를 이루어 가는 곳이다. 우리는 교회 공동체 안에서 함께 성숙과 성화를 이뤄 가며, 죄로 망가진 부분이 고침을 받고 회복되는 은혜를 누리게 된다(골 1:28).

전도하는 공동체

교회란 복음의 진리와 은혜를 세상에서 증거하며 하나님의 택함을 받은 백성들이 구원으로 나올 수 있도록 하는 데 쓰임받는 공동체다. 주님은 이 복음 전파라는 지상명령을 교회에게 주셨다(마 28:19).

이 세 가지 근본적인 교회의 기능과 목적을 균형을 가지고 조화롭게 해 나가는 교회가 성경적으로 건강한 교회다.

교회의 순수성과 영적 화합

교회가 진정한 순수성과 화합을 이루기 위해서는 다음과 같은 부분을 잘 수행해야 한다.

말씀의 충실한 가르침을 통한 올바른 교리의 전파를 이루어야 한다.

예배가 성경적이어야 한다. 사람을 위한 사람중심의 예배가 아니라 하나님을 신령과 진정으로 예배하는 모습을 갖추어야 한다.

세례와 성찬을 올바로 집행해야 한다. 성찬을 게을리 하거나 소홀히 하지 말아야 한다.

교인 간의 진정한 사귐이 있어야 한다. 진정한 교회란 각각의 지체가 의미 있게 연결된 공동체다.

성경적인 치리(discipline)가 있어야 한다. 성경적으로 옳지 않은 부분에 대해서는 하나님 말씀의 권위로 바로잡아 나가고, 회개함이 없을 때는 징계나 출교까지도 감수해야 한다.

사랑과 구제가 있어야 한다. 진정한 교회는 서로 간의 사랑이 관심과 보살핌으로 나타나야 한다. 특히나 물질적으로 곤란을 겪는 지체의 필요를 보살피는 것은 진정한 믿음과 사랑의 표현이다(약 2:15-16).

성경적인 교회 정치(church government)가 있어야 한다. 교회란 개인의 소유물이 아니다. 그러므로 개인의 생각과 의도에 의해 운영되어서는 안 된다. 하나님이 교회에 주신 직분자들과 성도들이 말씀과 성령의 인도하심에 따라 교회를 운영해 나가야 한다.

성경적인 권징의 원리

오늘날의 교회가 영적인 권위를 잃은 큰 이유 중 하나가 바로 죄에 대하여 마땅히 해야 할 권면과 징계를 제대로 하지 않기 때문이다. 교인 중에서 성경적으로 벗어난 삶을 사는 이를 볼 때 주위의 지체들은 사랑을 바탕으로 한 권면을 하여야 한다. 또 회개하지 않고 계속 죄를 고집하는 교인들에게는 그에 대한 징계가 있어야 교회의 순수성과 화합을 지켜 나갈 수 있다. 예수님은 성경적인 권징에 대해 이렇게 가르치셨다.

> 네 형제가 죄를 범하거든 가서 너와 그 사람과만 상대하여 권고하라. 만일 들으면 네가 네 형제를 얻은 것이요 만일 듣지 않거든 한 두 사람을 데리고 가서 두세 증인의 입으로 말마다 확증하게 하라. 만일 그들의 말도 듣지 않거든 교회에 말하고 교회의 말도 듣지 않거든 이방인과 세리와 같이 여기라. (마 18:15-17).

예수님은 죄에 대하여 반드시 서로 권면하라고 하셨고, 처음에는 개인적으로 노력하고 그래도 회개를 거부하면 여러 사람이 함께 권면하라고 하셨다. 그래도 회개를 거부할 경우에는 교회 전체가 나서서 회개를 촉구하고, 끝까지 회개를 거부할 경우에는 출교(excommunication)를 시키라고 하셨다. 출교 전 단계의 징계로는 성찬의 참여를 제한하는 단계가 있다. 이렇게 권징을 강조하는 이유는 성경적인 권징을 하지 않으면 교회가 그 순수성과 영적 능력을 잃게 되기 때문이다. 바울은 이렇게 경고했다. "적은 누룩이 온 덩어리에 퍼지는 것을 알지 못하느냐"(고전 5:6b). 즉, 교회가 하나의 죄를 눈 감고 내버려둘 때 그것이 전체를 상하게 할 것이라는 경고의 말씀이다. 그만큼 성경적인 권징은 교회의 중요한 역할이다. 교회의 권징이 가져오는 가장 바람직한 결과는 권징을 받은 영혼이 회개하고 다시 주님께로 돌아오는 것이다.

교회 정치

교회 정치란 교회를 다스리고 보살피는 성경적인 조직과 구조를 말한다. 또한 각 교회 안에는 성경적인 직분이 있다.

교회 정치의 종류
감독 정치

감독 정치란 감독(bishop)을 선출해서 그 감독의 밑에 여러 교회를 두는 정치 구조다. 감독은 각 교회의 목사를 파견할 권위를 비롯한 커다란 힘을 행사하게 된다. 따라서 지교회의 힘은 제한적이다. 대표적인 교단으로는 감리교가 있다.

장로 정치

각 지교회가 장로를 선출하여 그 장로들의 모임인 당회를 중심으로 교회를 이끌어 가는 구조다. 또한 당회의 상위기관으로는 지역

의 목사와 장로들로 구성되는 노회가 있으며, 그 위의 가장 상위기
관으로는 교단의 총회가 있다. 장로교 교단이 여기에 해당한다.

회중 정치

말 그대로 각 지교회의 회중이 교회를 이끌어 가는 구조다. 중요
한 결정은 지교회 교인의 다수 의견에 의하여 이루어지며, 교단의
개입은 최소화한 형태다. 침례교 교단이 여기에 해당한다.

교회의 직분들

장로교 교회의 정치에서는 두 가지 직분, 즉 장로와 집사가 있다.
성경에서도 이 두 직분을 말하고 있다(딤전 3:1-13).

장로 장로에는 목사라고 칭하는 "가르치는 장로"(Teaching Elder)와 일반
적으로 장로라고 칭하는 "다스리는 장로"(Ruling Elder)가 있다. 둘
의 역할은 여러 면에서 비슷하지만, 목사는 가르치고 설교를 하
는 일에 더 치중하는 장로다. 장로의 역할은 성도들의 영적인
부분을 보살피는 일이다. 또한 교회의 가장 상위 기관인 당회
(Session)를 구성하여 중요한 일을 결정하게 된다.

집사 집사의 유래는 사도행전 6장에 나와 있다. 집사의 역할은 교회
의 물리적인 그리고 육신적인 필요를 보살피는 것이다. 교회의
성도들이 예배드리는 처소를 보살피고 성도들의 육신적인 필요
를 보살피는 일을 통해, 이들의 신앙생활이 원활하게 이루어지도

록 하는 역할을 맡은 직분이다.

권사와 서리집사

권사는 성경에 나와 있지 않은 한국 교회의 독특한 직분이다. 나이가 많고 존경을 받는 여자 성도들이 장로의 직분을 맡을 수 없는 실정에서 이들에게 걸맞은 직분을 고안해 낸 것이 그 유래다. 또한 서리집사도 한국 교회에만 존재하는 직분이다. 이름을 부르기보다 직분을 부르는 것이 더 익숙한 문화에서 비롯된 면도 있지만, 성경에 없는 직분을 만들다 보니 역효과도 분명히 있는 것이 사실이다.

교회의 직분자는 그 자격을 성경적으로 심사하여서 교인들이 선출하여야 한다(행 6:3). 장로와 집사는 대부분 한 번 임명되면 결격 사유가 없는 한 꾸준히 수행하는 직분이므로 선출에 신중하여야 한다.

관련 및 적용 질문들

1 이 장을 통해 교회에 대한 어떤 사실을 새롭게 알게 되었는가? 또한 교회를 대하는 당신의 마음과 자세가 달라졌다면 어떤 부분에서인가?

2 교회를 정할 때 어떤 기준을 가지고 정해야 한다고 생각하는가?

3 하나님을 기쁘시게 하려는 교회와 사람을 기쁘게 하려는 교회는 그 모습에서 어떤 차이가 나타날까?

4 교회 정치란 무엇인가? 또한 감독 정치, 장로 정치, 회중 정치 중 어느 형태가 가장 성경적이라고 생각하는가?

❺ 한 교회의 등록교인이 되고, 또 강한 소속감을 가져야 하는 이유는 무엇인가?

❻ 한국 교회의 서리집사 제도에 대한 당신의 생각은 어떤가? 이것이 필요하다고 생각하는가? 그렇다면 어떤 이유에서인가? 아니면 이것이 성경적으로 볼 때 버려야 할 제도라고 생각하는가? 그렇다면 그 이유는 무엇인가?

17

성찬

성찬의 유래

개신교에는 두 가지의 성례, 즉 "성스러운 의례"가 있다. 바로 세례와 성찬이다. 세례가 그리스도인이 평생에 한 번 치르는 의식이라면, 성찬은 거듭해서 참여하는 의식이다. 성찬은 예수님이 고난과 죽임을 당하기 위해 잡히시던 날 밤 제자들과 나눈 마지막 만찬에서 유래됐다.

> 때가 이르매 예수께서 사도들과 함께 앉으사 이르시되 내가 고난을 받기 전에 너희와 함께 이 유월절 먹기를 원하고 원하였노라.…또 떡을 가져 감사 기도 하시고 떼어 그들에게 주시며 이르시되 이것은 너희를 위하여 주는 내 몸이라. 너희가 이를 행하여 나를 기념하라 하시고 저녁 먹은 후에 잔도 그와 같이 하여 이르시되 이 잔은 내 피로 세우는 새 언약이니 곧 너희를 위하여 붓는 것이라. (눅 22:14-15, 19-20)

먼저 성찬은 유월절이라는 구약적인 배경을 지닌다. 유월절은 이스라엘 백성들이 애굽 땅에서 떠나기 전날 밤 하나님으로부터 죽음의 심판이 애굽 온 땅에 임했을 때 모여서 먹었던 음식을 기억한다. 이 유월절 음식은 구원의 음식이었다. 양의 피를 문설주에 바르고 집 안에서는 양고기와 무교병, 그리고 쓴 나물을 먹었다. 예수님은 당신이 잡히시던 날 밤 제자들과 함께 유월절 음식을 드시면서 구약의 유월절 전통이 신약의 성찬으로 연결됨을 보여 주셨다. 성찬이 유월절의 성취임을 알려 주신 것이다. 유월절에는 반드시 양을 잡아서 먹었는데, 예수님의 유월절 만찬에는 양고기가 없었다. 사실 양고기가 없는 유월절은 말이 되지 않는다. 그런데 왜 예수님의 유월절 만찬에는 양고기가 없었을까? 그것은 예수님이 유월절 양이시기 때문이다. 세상 죄를 지고 가는 하나님의 어린양이 이 성찬의 식탁에 앉아 계셨던 것이다.

예수님의 명령과 뜻에 따라 교회는 처음부터 성찬을 주기적으로 행했으며, 성찬의 두 가지 음식인 빵과 포도주를 통해 십자가에서 찢기신 주님의 살과 흘리신 피를 상기하였다. 사도 바울은 고린도전서에서 교회들이 이러한 성찬의 풍습을 일찍부터 지켜 왔음을 알려 준다.

> 내가 너희에게 전한 것은 주께 받은 것이니 곧 주 예수께서 잡히시던 밤에 떡을 가지사 축사하시고 떼어 이르시되 이것은 너희를 위하는 내 몸이니 이것을 행하여 나를 기념하라 하시고 식후에 또한 그와 같이 잔을 가지시고 이르시되 이 잔은 내 피로 세운 새 언약이니 이것을 행하여 마실 때마다 나를 기념하라 하셨으니. (고전 11:23-25)

17
성찬

초대교회 이래로 성찬은 세례와 함께 교회의 가장 중요한 성례로 지켜져 왔는데, 그 이유는 예수 그리스도께서 직접 제정하시고 지키도록 명령하셨기 때문이다.

성찬의 의미

성찬의 의미는 아주 깊고 풍부하다. 예수님은 당신의 은혜를 전하는 수단으로 성찬을 교회에 주셨다. 물론 성찬 자체가 구원의 조건은 아니다. 가톨릭은 성찬 참여가 구원의 중요한 조건이라고 가르치며 성찬의 주기적 참여가 구원을 이루는 필수적인 의무라고 가르쳐 왔다. 하지만 성찬은 구원을 받은 사람들에게 주어진 은혜의 수단이지 그 자체가 구원의 조건은 아니다. 성찬을 구원의 조건으로 여긴다면 행위에 의한 구원을 가르치는 것과 다를 바가 없다. 그러나 한편으로 오늘날 많은 개신교회는 성찬을 등한시하는 경향이 있다. 성찬의 집행과 참여가 너무 드문 것도 성찬에 대한 올바른 태도가 아니다. 이제 성찬의 의미를 알아보도록 하자. .

그리스도의 죽으심

성찬에서 우리는 빵(또는 떡)과 포도주를 먹고 마신다. 빵은 우리의 죄를 대신하려고 십자가에서 찢기신 주님의 몸을 상징하는 요소며, 포도주는 우리의 죄를 씻기신 주님의 피를 상징하는 요소다. 우리는 성찬의 두 요소를 먹고 마시면서 주님의 죽으심을 스스로에게 그리고 서로에게 선포하는 것이다.

그리스도의 죽으심을 통한 은혜에 참여함

성찬은 아무나 먹고 마실 수 있는 것이 아니다. 오직 십자가의 그리스도를 믿는 자만 참여할 수 있는 의식이다. 성찬에 참여하면서 우리는 그리스도의 죽으심을 통해 주어진 은혜, 즉 하나님의 용서와 구원의 은혜를 다시 한 번 상기하고 또 그 은혜를 체험하게 된다.

영적인 양식이 됨

그리스도를 믿는 믿음으로 성찬에 참여하는 자들에게는 성찬의 요소가 영적인 양식과 영양분이 된다.

> 예수께서 이르시되 내가 진실로 진실로 너희에게 이르노니 인자의 살을 먹지 아니하고 인자의 피를 마시지 아니하면 너희 속에 생명이 없느니라. 내 살을 먹고 내 피를 마시는 자는 영생을 가졌고 마지막 날에 내가 그를 다시 살리리니 내 살은 참된 양식이요 내 피는 참된 음료로다. (요 6:53-55)

성찬은 예수님의 살과 피를 통해 믿는 자에게 주어진 하나님의 은혜가 무엇인지를 다시 생각하게 만든다. 그리고 그 구원의 은혜를 생각하는 믿음은 성찬을 통해 다시 새로워지고 강화된다.

믿음의 확신과 고백

성찬을 통해 우리는 다시 한 번 우리 믿음의 대상과 은혜를 생각하게 된다. 또한 자신이 이 믿음에 부합하게 살아가고 있는지 되돌아보게 된다. 따라서 성찬 참여는 주님을 향한 우리의 신앙을 고백하는 계기가 된다.

믿는 자들의 연합

성찬은 믿는 사람들만 초대받는 자리다. 성찬에 참여하는 사람들은 예수 그리스도를 믿는 한 믿음을 지닌 하나님의 자녀들이다. 사도 바울은 한 성찬에 참여하는 사람들은 한 몸이라고 말하면서 믿는 자들의 연합이 성찬을 통해 증거된다고 가르친다.

> 떡이 하나요 많은 우리가 한 몸이니 이는 우리가 다 한 떡에 참여함이라.
>
> (고전 10:17)

그리스도가 성찬에 어떻게 드러나시는가?

성찬이 그리스도의 몸과 피를 상징하기에, 그리스도의 몸과 피가 그것을 상징하는 빵과 포도주를 통해 어떻게 드러나는가는 교회 역사 속에서 아주 중요하게 다루어진 신학적 주제였다. 여기에는 크게 네 가지 가르침(또는 관점)이 있다.

화체설

이것은 로마가톨릭의 가르침이다. 화체설(Transubstantiation)이란 성찬을 집례하는 신부가 "이것은 나의 몸이다" 또는 "이것은 나의 피다"라고 선언하는 순간 빵과 포도주가 그리스도의 몸과 피로 변한다는 주장이다. 비록 빵과 포도주는 그 고유의 맛을 유지하지만 그 실체는 그리스도의 몸과 피로 변한다는 것이다. 화체설을 주장하는 로마가톨릭은 성찬의 참여가 구원을 이루는 중요한 수단이라고 주장한다.

공재설

이것은 루터의 주장이다. 공재설(Consubstantiation)은, 화체설과 달리, 성찬의 빵과 포도주가 그리스도의 몸과 피로 바뀌지는 않지만, 성찬의 요소인 빵과 포도주의 안에, 곁에, 그리고 아래에(in, with, and under) 그리스도의 몸과 피가 임한다는 주장이다. 마치 스펀지가 물을 내포하듯 빵과 포도주는 그리스도의 살과 피를 내포하고 있다고 주장하였고, 그의 주장은 루터교의 공식 입장이 되었다.

기념설

이 가르침은 츠빙글리(Zwingli)의 주장이다. 츠빙글리는 루터와 마찬가지로 16세기 초에 활동했던 스위스 출신의 종교개혁가였다. 츠빙글리는 로마가톨릭의 화체설이나 루터의 공재설 모두를 터무니없는 비성경적인 가르침이라고 여겼다. 그의 주장(기념설, Commemoration)에 따르면, 성찬은 십자가에서 죽으신 예수 그리스도와 그분의 희생을 기념하는 것 이상도 이하도 아닌 의식이다. 그는 자신의 주장이 "이것을 행하여 나를 기념하라"는 예수님의 가르침에 근거한다고 했다.

영적 임재설

칼뱅을 비롯한 일부 종교개혁가들은 성찬이 그리스도의 십자가 죽음을 기념하는 것 이상의 의미가 있다고 주장했다. 칼뱅은 성경적인 성찬에는 주님의 영적인 임재가 있으며 이 영적 임재는 성찬식뿐 아니라 성찬에 진정한 믿음으로 참여하는 모든 사람에게도 임한다고 주장했다. 칼뱅의 주장은 마태복음에 나온 예수님의 말씀에 근거한다.

> 두세 사람이 내 이름으로 모인 곳에는 나도 그들 중에 있느니라. (마 18:20)

따라서 성찬에는 주님의 영적 임재가 있으며, 이를 통해 믿음으로 성찬에 참여하는 모든 자에게는 주님의 특별한 축복이 주어진다고 하였다. 오늘날 많은 개혁주의 교회는 칼뱅의 영적 임재설(Spiritual Presence)을 따르고 있다.

성찬에 참여할 수 있는 자격

성찬이 이처럼 중요한 은혜의 통로라면, 아무나 참여할 수 있는 성례일 수 없음이 분명하다. 그렇다면 누가 성찬에 참여할 수 있을까?

예수 그리스도를 구주로 고백하는 믿음

가장 중요한 자격으로는 예수 그리스도에 대한 올바른 믿음이다. 오직 예수 그리스도의 공로만을 통해 구원을 받는다는 믿음이 있는 자만 성찬에 참여할 수 있다.

세례를 받은 자

세례란 예수 그리스도를 주로 고백하는 자에게 베풀어지는 성례다. 따라서 일생에 한 번 주어지는 세례는 성찬에 참여하는 자격이 주어지는 통로와도 같은 의식이다. 그러므로 성찬은 세례를 받은 자만 참여할 수 있다.

교회의 일원

성찬은 믿는 자의 모임인 교회, 즉 예수 그리스도의 몸 된 교회의 구성원들이 함께 참여하는 성스러운 의식이다. 그러므로 교회에 소속해서 예배를 드리지 않는 사람은 성찬에 참여할 자격이 없다.

지속적인 죄 가운데 거하지 않는 사람

교회의 치리 중에서 "수찬정지", 즉 성찬의 참여를 제한하는 조치가 있다. 이 조치는 지속적으로 죄에 거하면서 회개할 마음이 없는 사람의 성찬 참여를 금하는 것이다. 죄 가운데 머물며 멈추기를 거부하는 자들이 성찬에 참여하지 못하게 함으로써, 교회는 회개를 촉구하는 분명한 메시지를 전달하기도 한다.

성찬은 얼마나 자주 해야 하는가?

로마가톨릭이나 종교개혁 직후의 교회는 매주 성찬을 베풀었다. 사실 성경 어디에도 성찬을 얼마나 자주 해야 하는지에 대한 가르침은 나와 있지 않다. 그러므로 성찬의 빈도는 각 교회가 적당한 선에서 정하면 될 것이다. 하지만 성찬을 거의 하지 않거나 1년에 두세 번 정도 하는 것은 성찬의 은혜를 등한시하는 모습이 된다.

성찬은 누가 베풀어야 하는가?

성찬을 누가 베풀어야 하느냐에 대해서는 교단마다 입장이 조금씩 다르다. 성찬은 중요하고 성스러운 의식이므로 아무나 또 아무 곳에서나 베풀어서는 곤란하다. 공적 예배에서 베푸는 것이 옳을 것이다. 또한 장로교나 개혁주의 교회에서는 안수를 받은 목사만 성찬을 집례할 수 있도록 하고 있다.

성찬을 통해 바라보는 미래

성찬은 먼저 예수 그리스도의 십자가의 죽으심을 상기하는 의식이다. 하지만 성찬이 단지 과거만을 기억하는 의식은 아니다. 성찬은 우리 믿는 사람들이 앞으로 있을 주님과의 만남과 천국에서의 만찬을 기대하도록 만드는 의식이기도 하다. 예수님은 제자들과의 마지막 만찬을 드신 후 이렇게 말씀하셨다.

> 그러나 너희에게 이르노니 내가 포도나무에서 난 것을 이제부터 내 아버지의 나라에서 새것으로 너희와 함께 마시는 날까지 마시지 아니하리라 하시니라. (마 26:29)

주님은 제자들과 이 땅에서의 성찬을 드신 후 천국에서 그들과 함께 새 포도주를 마실 것을 말씀하셨다. 그러므로 성찬은 믿는 우리가 이미 오셨던 과거의 주님을 기억하고 다시 오실 미래의 주님을 기다리는 믿음과 기대를 표현하는 의식이기도 하다.

관련 및 적용 질문들

❶ 성찬에 관한 공부를 통해 성찬식에 대한 당신의 생각과 마음에 어떤 변화나 도움이 있었는가?

❷ 성찬에 대해 배운 내용 중에서 어떤 부분이 가장 의미 있게 다가왔으며 그 이유는 무엇인가?

❸ 성찬의 요소, 즉 빵과 포도주와 그리스도의 드러나심에 관한 네 가지 주장을 설명해 보자. 어떤 주장이 가장 옳다고 생각하는가? 또 그 이유는 무엇인가?

❹ 성찬에 참여할 때 우리는 각자의 마음을 점검해야 한다. 특히나 교회 공동체 안에서 관계가 매끄럽지 않을 때는 성찬에 참여하기에 앞서 관계의 회복이 있어야 한다. 이 부분의 중요성과 또 앞으로 어떻게 실천하여야 할지를 마태복음 5:23-24을 바탕으로 나누어 보자.

❺ 성찬의 참여가 왜 은혜의 통로인가? 이 장의 가르침과 각자의 경험들을 바탕으로 대답해 보자.

18

죽음과 중간기

믿는 자의 죽음은 어떤 의미를 가지고 있는가? 죽음 뒤에 우리의 몸과 영혼에는 어떤 변화가 일어나는가? 믿는 자들은 항상 죽음을 생각하고 준비하는 마음으로 살아야 한다. 죽음을 향한 담대한 마음과 믿음의 준비가 되려면 죽음과 그 이후에 일어날 일들에 대한 성경의 가르침을 알아야 한다.

그리스도인과 죽음의 실체

구원이란 결국 죽음을 내포하고 있다. 믿는 자들이 소망하는 궁극적인 구원, 즉 영혼과 몸의 완전한 구원 상태는 죽음의 과정을 거쳐야만 가능하다. 따라서 믿는 사람은 죽음에 대한 성경적인 관점을 가져야 하고, 심지어 죽음을 긍정적으로 바라볼 수 있어야 한다. 그리스도인에게 죽음은 결코 불행한 일도 아니고 하나님의 벌도 아니다. 그리스도인에게 죽음이란 이 세상의 망가진 현실에서 벗어나 영원한 천국으로 들어가는 관문이기에 죽음이 결코 나쁜 일만은 아니다. 사실 성경이 말하는 진정한 의미의 죽음은 "생명의 근원되시는 하나님으로부터 분리된 상태"다. 따라서 엄밀히 말하자면 그리스도인에게는 죽음의 상태가 불가능하다. 우리의 육신이 수명을 다하고 이 세상을 떠난다 하더라도, 하나님으로부터 한 순간도 분리되지 않기 때문이다.

죽음은 언제까지 존재하는 현실인가?

이 세상은 죽음의 현실을 벗어날 수 없다. 왜냐하면 죽음의 원인이 되는 죄가 늘 있기 때문이다. 하지만 죽음은 언젠가 사라질 실체다. 예수 그리스도께서 이 땅에 다시 오실 때 죽음은 완전히 그 실체를 잃고 사라질 것이다.

> 아담 안에서 모든 사람이 죽은 것같이 그리스도 안에서 모든 사람이 삶을 얻으리라.…맨 나중에 멸망받을 원수는 사망이니라. (고전 15:22, 26)

그러나 예수 그리스도의 재림이 있기 전에는 죽음이 엄연한 현실로 존재한다. 비록 죽음이 그리스도인에게 벌은 아니지만(죄에 대한 우리의 형벌은 예수 그리스도께서 이미 담당하셨으므로), 죄로 망가진 세상에서 사는 이상 죽음은 피할 수 없는 현실이다. 마지막 원수인 사망은 아직 멸망받지 않았다. 그러므로 이 땅에 사는 동안 우리는 세상 모든 사람처럼 질병, 노화, 사고, 각종 재난, 전쟁 같은 일들을 통해 죽음을 맞이하게 된다. 죽음은 엄연한 현실이지만 우리 주 예수 그리스도께서 다시 오실 때 우리는 죽음이 멸망하는 놀라운 일을 목격할 것이다.

죽음의 긍정적(성경적) 의미

모든 것을 사용하셔서 우리를 위한 당신의 선하신 계획과 뜻을 이루어 가시는 하나님은 죽음 또한 유용하게 사용하신다. 믿는 자에게도 사고나 질병 그리고 죽음이 다가오지만, 어떠한 상황을 통해서도 하나님은 당신의 선하신 계획과 뜻을 이루어 가신다.

죽음을 통해 성화를 이루어 가신다

우리는 질병이나 죽음의 과정을 통해 거룩해지기도 하고, 믿음과 순종이 강해지기도 한다. 죽음의 가능성을 생각하거나 심지어 체험하면서 우리는 우리가 결국 하나님께 불려갈 존재라는 사실을 깨닫고 그것을 받아들이는 자세로 살아가야 한다. 우리는 인생의 궁극적인 목적이 하나님을 영화롭게 하고 그분 안에 참 소망과 기쁨을 가지는 것임을 죽음으로 향하는 삶의 여정을 통해 깨우치게 된다.

삶의 진정한 의미를 깨닫는다

죽음은 우리에게 인생의 궁극적인 목적이 생명을 연장하고 편하고 부유하게 사는 것이 아님을 일깨운다. 우리가 아무리 노력하더라도 죽음이라는 현실을 벗어날 수 없기 때문이다. 오히려 죽음이라는 현실을 받아들일 때 우리는 점점 더 세상에 대한 집착을 내려놓고 하나님을 사랑하고 이웃을 돌아보는 삶을 살아갈 수 있게 된다. 죽음을 두렵게만 여기는 인간의 본능적인 반응보다 죽음을 인정하고 하나님께 대한 순종을 배우는 일이 중요하다. 인생이 괴롭고 두려운 가장 큰 이유는 살려고만 몸부림치기 때문이다. 예수님은 이렇게 말씀하셨다.

> 누구든지 제 목숨을 구원하고자 하면 잃을 것이요 누구든지 나를 위하여 제 목숨을 잃으면 찾으리라. (마 16:25)

결국 우리의 삶은 죽음을 염두에 둔 삶이어야 한다. 생명을 유지하려고만 몸부림치는 세상 사람들의 삶의 모습에는 궁극적인 희망이 없다. 어느 누구도 죽음이라는 현실을 피할 수 없기 때문이다. 그러므로 믿는 사람들은 죽음이라는 현실 속에서 삶의 의미를 찾아야 한다. 죽음을 무조건 회피하려는 본능에서 벗어나 죽음을 의식하고 또 받아들이는 자세를 가지고 하나님의 뜻을 깨우쳐 가는 삶을 살아야 한다.

죽음은 진정한 소망을 배우는 길이다

세상 사람들에게는 진정한 소망이 없다. 죽음 앞에서 그 어떤 성취도 물거품이 되기 때문이다. 죽음까지 갈 필요도 없다. 노화가 진행되면서 사람들은 이것을 서서히 그러나 분명히 체험하게 된다. 하지만 믿는 사람에게는 죽음이 그다음에 펼쳐질 천국이라는 현실로 들어가는 관문에 해당하기 때문에, 우리는 죽음이 다가올수록 더 분명한 소망을 가질 수 있다. 사도 바울은 이렇게 말하였다.

우리가 담대하여 원하는 바는 차라리 몸을 떠나 주와 함께 있는 그것이라. (고
후 5:8)

믿는 사람들은 세상 사람들처럼 죽음을 두려워할 필요가 없다.
오히려 한편으로는 죽음도 좋은 일이라는 자세를 가지는 것이 진정
한 신앙이다.

죽은 후에는 어떻게 되는가?

죽음 이후에는 믿는 자와 믿지 않는 자 모두 영혼과 몸이 분리된
상태에 놓이게 된다. 믿는 자에게는 예수 그리스도의 재림 때 부활
의 썩지 않을 몸이 주어지지만, 믿지 않는 자에게는 지옥에서의 고
통을 느낄 수 있는 몸이 주어진다. 성경은 믿는 자뿐 아니라 믿지
않는 자도 부활할 것을 말하고 있다.

선한 일을 행한 자는 생명의 부활로, 악한 일을 행한 자는 심판의 부활로 나오
리라. (요 5:29)

따라서 죽음 이후로부터 예수 그리스도의 재림까지 죽은 자의
영혼은 몸이 없이 영혼 상태로만 존재하게 되는데, 이것을 "중간
기"(the Intermediate State)라고 부른다. 죽음과 동시에 믿는 자의 영혼은
즉시 하나님이 계신 곳으로 가서 지극한 기쁨 가운데 거하게 된다.
사도 바울은 이것을 "몸을 떠나 주와 함께 있는"(고후 5:8) 것이라고
표현하였다. 또 예수님은 십자가의 우편 강도에게 "오늘 네가 나와

함께 낙원에 있으리라"(눅 23:43)라고 하시면서 죽은 이후에 그 영혼이 바로 주님과 함께할 것을 말씀하셨다. 이와 같이 천국에서의 삶은 죽음 이후에 바로 시작되지만, 예수님의 재림 전까지는 몸이 없는 영혼 상태로 천국에 머물게 된다. 이 중간기와 그 이후의 상태에 대한 몇 가지 사실을 살펴보자.

중간기는 "영혼의 잠듦" 상태가 아니다

어떤 사람들은 죽은 영혼들은 예수 그리스도의 재림 때까지 잠든 상태, 즉 무의식의 상태로 머물다가 예수님이 재림하실 때 깨어난다고 주장한다. 이들의 주장은 성경 구절들 중에 죽은 사람들을 '잠들었다'고 표현한 것에 바탕을 두고 있다. 예를 들어, 사도 바울은 믿다가 죽은 사람들을 잠들었다고 표현한다("그중에 대다수는 살아 있고 어떤 사람은 잠들었으며", 고전 15:6). 하지만 이것은 몸이 잠든 상태, 즉 활동이 정지된 상태를 의미하는 것이지 영혼이 잠든 상태를 의미하는 것이 아니다. 또한 믿는 사람에게는 죽음이 존재의 소멸 상태가 아니므로, 바울의 표현은 단지 이 세상에서 더 이상 활동하지 못하는 상태임을 암시하는 말이다. 이것은 죽음으로 육신의 활동이 정지된 자들이 주님이 재림하셔서 부활의 몸을 입고 육신의 활동을 재기할 때까지 잠시 활동이 정지된 상태를 의미하는 말이다. 예수님은 요한복음 11장에서 나사로가 죽음 상태에 있었을 때 "나사로가 잠들었도다"라고 말씀하셨다. 그리고는 "내가 깨우러 가노라"라고 하셨다. 이것은 죽음으로 정지된 몸의 활동 상태를 회복시키겠다는 말씀이다. 하지만 죽음 이후에도 영혼은 여전히 의식을 가지고 활동한다는 사실을 성경을 통해 분명히 알 수가 있다. 요한계시록은 이 땅을 떠난 성도의 영혼이 천국에서 살면서 활동하고 있음을 알려 준다.

> 다섯째 인을 떼실 때에 내가 보니 하나님의 말씀과 그들이 가진 증거로 말미암아 죽임을 당한 영혼들이 제단 아래에 있어 큰 소리로 불러 이르되 거룩하고 참되신 대주재여 땅에 거하는 자들을 심판하여 우리 피를 갚아 주지 아니하시기를 어느 때까지 하시려 하나이까 하니. (계 6:9-10)

이 말씀은 순교자의 영혼이 천국에서 예수님의 재림과 심판을 하나님께 간구하는 모습이다. 이들의 영혼은 의식 상태며 활동 상태다. 또 한 군데를 찾아보자.

> 이 일 후에 내가 보니 각 나라와 족속과 백성과 방언에서 아무도 능히 셀 수 없는 큰 무리가 나와 흰 옷을 입고 손에 종려 가지를 들고 보좌 앞과 어린 양 앞에 서서 큰 소리로 외쳐 이르되 구원하심이 보좌에 앉으신 우리 하나님과 어린 양에게 있도다 하니. (계 7:9-10)

이와 같이 천국에서는 믿는 자들의 영혼이 이미 하나님을 예배하는 영적인 활동을 하고 있다. 물론 다른 활동도 하고 있을 것이다.

죽은 사람을 위해 기도하는 것이 옳은가?

돌아가신 분들의 기일에 가족들이 모여서 돌아가신 부모님이나 가족을 위해 하나님께 기도하는 모습을 간혹 보게 된다. 그들을 축복해 달라고 기도하거나 심지어 믿지 않고 돌아가신 분의 구원을 위해 기도하는 사람들도 있다. 하지만 이것은 전혀 성경적인 모습이 아니다. 모든 사람은 죽음과 동시에 즉시 그 운명이 영원히 결정된다. 천국과 지옥의 심판뿐 아니라 상급까지도 이 땅에서의 삶에 의해 다 결정되며 죽음 이후에 달라질 일은 하나도 없다. 죽은 나사로의 비유를 보면 우리는 이러한 사실을 알 수가 있다.

> 이에 그 거지가 죽어 천사들에게 받들려 아브라함의 품에 들어가고 부자도 죽어 장사되매 그가 음부에서 고통중에 눈을 들어 멀리 아브라함과 그의 품에 있는 나사로를 보고 불러 이르되 아버지 아브라함이여 나를 긍휼히 여기사 나사로를 보내어 그 손가락 끝에 물을 찍어 내 혀를 서늘하게 하소서. 내가 이 불꽃 가운데서 괴로워하나이다. 아브라함이 이르되 얘 너는 살았을 때에 좋은 것을 받았고 나사로는 고난을 받았으니 이것을 기억하라. 이제 그는 여기서 위로를 받고 너는 괴로움을 받느니라. 그뿐 아니라 너희와 우리 사이에 큰 구렁텅이가 놓여 있어 여기서 너희에게 건너가고자 하되 갈 수 없고 거기서 우리에게 건너올 수도 없게 하였느니라. (눅 16:22-26)

죽음 이후 천국과 지옥의 운명은 영원하며, 그 운명은 절대로 바뀔 수 없다. 그러므로 죽은 사람을 위한 기도는 무의미하며, 오직 이 땅에 살아 있을 때만 믿음도 가능하고 하나님 섬김도 가능하다.

천국과 지옥 둘 다 영원한 곳인가?

천국에서 영원히 산다는 것은 복된 일이지만 지옥의 고통 속에서 영원히 산다는 것은 너무나 끔찍한 일이다. 이러한 이유 때문에 어떤 사람들은 믿지 않는 사람은 죽음 후 지옥에서 일정 기간 동안만 고통을 받은 뒤 그 존재가 영원히 사라진다고 주장한다. 이것을 "영혼 소멸설"(Annihilationism)이라고 한다. 이러한 주장이 지옥에서 영원히 고통을 겪는 사람들의 운명에 대한 동정심에는 부합할지 모르지만, 성경적으로는 사실이 아니다. 예수님은 지옥의 형벌과 고통이 영원할 것임을 말씀하셨다.

> 또 왼편에 있는 자들에게 이르시되 저주를 받은 자들아 나를 떠나 마귀와 그 사자들을 위하여 예비된 영원한 불에 들어가라.…그들은 영벌에, 의인들은 영생에 들어가리라 하시니라. (마 25:41, 46)

천국의 현실이 영원하듯 지옥의 현실도 영원할 것이다. 이것이 이 땅에 살아 있는 동안 우리가 한 영혼에게라도 전도해야 할 이유다.

관련 및 적용 질문들

❶ 당신은 죽음에 대해 얼마나 자주 생각하는가? 어떨 때 죽음을 생각하며 그 생각들은 어떤 결론에 도달하는가?

❷ 이 장이 죽음에 대한 당신의 생각에 어떤 영향을 주었는가? 믿는 사람은 죽음에 대해 어떤 생각을 가지고 살아야 하는가?

❸ 가까운 사람이나 아는 사람의 죽음을 경험한 적이 있는가? 어떤 경우였는가? 또 그 죽음을 통해 어떤 생각을 하게 되었는가?

❹ 죽음과 그 이후에 일어날 일을 성경을 통해 알고 또 확신을 가지는 일이 왜 중요하다고 생각하는가? 죽음 이후의 일에 대해 잘 모르는 상태와 성경을 통해 제대로 된 지식을 가진 상태는 죽음에 대한 어떤 태도의 차이로 나타날까?

❺ 로마가톨릭에서 가르치는 "연옥"(purgatory)이란 무엇이며, 이것은 왜 잘못된 가르침인가?

19

그리스도의 재림

성경에는 "주의[여호와의] 날"(The Day of the Lord)이라는 표현이 종종 등장한다. 이 표현은 특별히 메시아, 즉 예수 그리스도의 오시는 날을 의미한다. 그렇다면 주 예수 그리스도의 오시는 날은 구체적으로 어떤 날을 의미하는가? 바로 예수 그리스도의 "처음 오심(초림)과 다시 오심(재림)"을 의미한다. 예수 그리스도는 구원의 주로 이미 2천 년 전에 오셨으며 이제는 심판의 주로 다시 오실 것이다. 이 장에서는 심판의 주로 다시 오실 예수 그리스도에 관한 내용을 다룰 것이다. 심판의 주의 오심은 모든 사람을 두려움에 떨게 만들 텐데, 그 이유는 죄에 대한 심판이 임할 것이기 때문이다.

땅의 임금들과 왕족들과 장군들과 부자들과 강한 자들과 모든 종과 자유인이 굴과 산들의 바위 틈에 숨어 산들과 바위에게 말하되 우리 위에 떨어져 보좌에 앉으신 이의 얼굴에서와 그 어린 양의 진노에서 우리를 가리라. 그들의 진노의 큰 날이 이르렀으니 누가 능히 서리요 하더라. (계 6:15-17)

위와 같은 예수 그리스도의 재림에 관한 말씀에서 보듯, 다시 오실 주님의 모습은 처음 오셨을 때의 모습과는 너무나 다를 것이다. 이전에는 주님이 구원의 메시아로 오셨다면, 다시 오실 때에는 심판의 왕으로 오실 것이다. 주님은 다시 오셔서 모든 죄와 불신앙을 심판하고 벌을 내리실 것이다. 하지만 그분을 참으로 믿고 그분의 오심을 기다리던 성도들에게는 더할 수 없는 하늘의 복을 가져다주실 것이다. 주님이 다시 오실 그 날에 성도들의 구원은 완성될 것이며, 우리는 부활의 영광스러운 몸을 입고 주님과 함께 영원한 복락을 누리게 될 것이다. 그에 관한 말씀을 살펴보자.

인자가 자기 영광으로 모든 천사와 함께 올 때에 자기 영광의 보좌에 앉으리니 모든 민족을 그 앞에 모으고 각각 구분하기를 목자가 양과 염소를 구분하는 것 같이 하여 양은 그 오른편에 염소는 왼편에 두리라. 그 때에 임금이 그 오른편에 있는 자들에게 이르시되 내 아버지께 복 받을 자들이여 나아와 창세로부터 너희를 위하여 예비된 나라를 상속받으라. (마 25:31-34)

또 내가 보매 거룩한 성 새 예루살렘이 하나님께로부터 하늘에서 내려오니 그 준비한 것이 신부가 남편을 위하여 단장한 것 같더라. 내가 들으니 보좌에서 큰 음성이 나서 이르되 보라 하나님의 장막이 사람들과 함께 있으매 하나님이 그들과 함께 계시리니 그들은 하나님의 백성이 되고 하나님은 친히 그들과 함께 계셔서 모든 눈물을 그 눈에서 닦아 주시니 다시는 사망이 없고 애통하는 것이나 곡하는 것이나 아픈 것이 다시 있지 아니하리니 처음 것들이 다 지나갔음이러라. (계 21:2-4)

결론적으로 주님의 재림의 날은 믿는 자들과 믿지 않는 자들의 영원한 운명이 극명하게 갈리는 날이 될 것이다.

그리스도 재림의 때

기독교 역사 속에서 초미의 관심사 중 하나는 주님이 언제 재림하실 것인가 하는 점이었다. 많은 사람이 정확한 그리스도 재림의 날을 주장했지만 번번이 거짓으로 드러났다. 그렇다면 성경의 예언을 통해 우리는 언제 그리스도가 오실지 알 수 있는가? 하나님은 우리에게 그 날이 언제일지 알려 주시는가? 이에 대한 몇 가지 사실을 말씀과 함께 살펴보자.

그리스도 재림의 정확한 때와 시간은 알 수 없다.

그러나 그 날과 그 때는 아무도 모르나니 하늘의 천사들도, 아들도 모르고 오직 아버지만 아시느니라. (마 24:36)

그리스도의 재림은 예상치 않게 이루어질 것이다.

이러므로 너희도 준비하고 있으라. 생각하지 않은 때에 인자가 오리라. (마 24:44)

성경은 재림의 때가 가깝다고 말한다. 그런데 예수님이 처음 오신 지 이천 년이 지났는데도 아직 다시 오시지 않았다. 이것을 어떻게 이해해야 할까?

> 사랑하는 자들아 주께는 하루가 천 년 같고 천 년이 하루 같다는 이 한 가지를 잊지 말라. 주의 약속은 어떤 이들이 더디다고 생각하는 것 같이 더딘 것이 아니라. 오직 주께서는 너희를 대하여 오래 참으사 아무도 멸망하지 아니하고 다 회개하기에 이르기를 원하시느니라. (벧후 3:8-9)

그리스도 재림의 정확한 때는 알 수 없지만, 그 시기는 알 수 있다.

> 무화과나무의 비유를 배우라. 그 가지가 연하여지고 잎사귀를 내면 여름이 가까운 줄을 아나니 이와 같이 너희도 이 모든 일을 보거든 인자가 가까이 곧 문 앞에 이른 줄 알라. (마 24:32-33)

이와 같이 그리스도 재림의 정확한 때는 알 수 없지만, 이 엄청난 일이 일어나기 전에 몇 가지 일들과 징조들이 있을 거라고 성경은 알려 준다.

그리스도의 재림 이전에 일어날 일들

그리스도의 재림 이전에 어떤 일들이 일어날까? 어떤 일들이 선행되어야 하며 또 어떤 징조들이 있을까?

복음이 온 땅에 전파될 것이다

그리스도의 재림 이전에 복음이 땅 끝까지 전파될 것을 성경은 예언하고 있다.

> 이 천국 복음이 모든 민족에게 증언되기 위하여 온 세상에 전파되리니 그제야 끝이 오리라. (마 24:14)

지구가 살기에 적합하지 못한 곳이 될 것이다

생태계의 파괴, 이산화탄소의 증가에 따른 기후 변화, 각종 오염, 빙산의 녹음 등 지구가 점점 더 낡고 사람이 살기에 적합하지 않은 환경으로 변화될 것이다.

> 또 주여 태초에 주께서 땅의 기초를 두셨으며 하늘도 주의 손으로 지으신 바라. 그것들은 멸망할 것이나 오직 주는 영존할 것이요 그것들은 다 옷과 같이 낡아지리니 의복처럼 갈아입을 것이요 그것들은 옷과 같이 변할 것이나 주는 여전하여 연대가 다함이 없으리라 하였으나. (히 1:10-12)

사회적으로 점점 살기 힘들어질 것이다

사람들의 자기중심성과 물질주의적 사고가 더욱 팽배해질 것이며 사회가 점점 더 삭막해질 것이다. 한마디로 세상이 점점 살기에 고통스러운 곳으로 변할 것이다.

> 너는 이것을 알라 말세에 고통하는 때가 이르러 사람들이 자기를 사랑하며 돈

을 사랑하며 자랑하며 교만하며 비방하며 부모를 거역하며 감사하지 아니하며 거룩하지 아니하며 무정하며 원통함을 풀지 아니하며 모함하며 절제하지 못하며 사나우며 선한 것을 좋아하지 아니하며 배신하며 조급하며 자만하며 쾌락을 사랑하기를 하나님 사랑하는 것보다 더하며. (딤후 3:1-4)

거짓 예언자들과 거짓 선생들이 나타날 것이다

많은 거짓 예언자가 스스로 그리스도라고 하며 사람들을 미혹할 것이다. 또한 거짓 선생들이 나타나 진리를 왜곡할 것이다.

때가 이르리니 사람이 바른 교훈을 받지 아니하며 귀가 가려워서 자기의 사욕을 따를 스승을 많이 두고 또 그 귀를 진리에서 돌이켜 허탄한 이야기를 따르리라. (딤후 4:3-4)

말세에 거짓 선생들이 나타나 거짓 가르침을 전파할 수 있는 이유는 바로 그러한 가르침에 귀를 기울이는 사람이 있기 때문이다.

적그리스도가 나타날 것이다

말세에 나타날 적그리스도에 관해 성경은 여러 군데에서 말하고 있다.

누가 어떻게 하여도 너희가 미혹되지 말라. 먼저 배교하는 일이 있고 저 불법의 사람 곧 멸망의 아들이 나타나기 전에는 그 날이 이르지 아니하리니 그는 대적하는 자라 신이라고 불리는 모든 것과 숭배함을 받는 것에 대항하여 그

위에 자기를 높이고 하나님의 성전에 앉아 자기를 하나님이라고 내세우느니라. (살후 2:3-4)

아이들아 지금은 마지막 때라 적그리스도가 오리라는 말을 너희가 들은 것과 같이 지금도 많은 적그리스도가 일어났으니 그러므로 우리가 마지막 때인 줄 아노라. 그들이 우리에게서 나갔으나 우리에게 속하지 아니하였나니 만일 우리에게 속하였더라면 우리와 함께 거하였으려니와 그들이 나간 것은 다 우리에게 속하지 아니함을 나타내려 함이니라. (요일 2:18-19)

적그리스도의 정체에 대해서는 역사 속에서 무수한 추측이 있었다. 초대교회에서는 기독교를 극심하게 핍박했던 로마의 네로 황제가 적그리스도라고 주장하는 사람들이 있었다. 또 종교개혁 시대인 16세기 이후에는 교황이 적그리스도라고 주장하던 사람들도 있었다. 근대에 와서는 유대인을 학살하고 제2차 세계대전을 일으킨 히틀러를 적그리스도라고 주장하기도 했다. 사실 역사 속에서 적그리스도처럼 행동했던 사람들은 여럿 있었지만, 아직 적그리스도가 나타나지 않았다고 보는 견해가 우세하다. 적그리스도는 그리스도의 재림 이전에 나타날 것이며 그리스도의 재림 때 멸망을 당할 것이다.

이스라엘의 구원이 있을 것이다

성경은 마지막 때에 이스라엘의 대규모적인 구원이 있을 거라고 예언하고 있다.

형제들아 너희가 스스로 지혜 있다 하면서 이 신비를 너희가 모르기를 내가 원하지 아니하노니 이 신비는 이방인의 충만한 수가 들어오기까지 이스라엘의 더러는 우둔하게 된 것이라. 그리하여 온 이스라엘이 구원을 받으리라. (롬 11:25-26a)

그리스도 재림의 형태

그리스도가 재림하신다면 어떤 모습으로 오실 것이며, 또 누구에게 그 모습을 나타내실까? 여기에 대한 몇 가지 사실을 살펴보자.

그리스도는 승천하신 모습 그대로 오실 것이다. 즉 부활의 몸으로 오실 것이다.

올라가실 때에 제자들이 자세히 하늘을 쳐다보고 있는데 흰 옷 입은 두 사람이 그들 곁에 서서 이르되 갈릴리 사람들아 어찌하여 서서 하늘을 쳐다보느냐 너희 가운데서 하늘로 올려지신 이 예수는 하늘로 가심을 본 그대로 오시리라 하였느니라. (행 1:10-11)

모든 사람이 볼 수 있는 모습으로 오실 것이다.

볼지어다 그가 구름을 타고 오시리라. 각 사람의 눈이 그를 보겠고 그를 찌른 자들도 볼 것이요 땅에 있는 모든 족속이 그로 말미암아 애곡하리니 그러하리라 아멘. (계 1:7)

초림 때와는 매우 다른 영광의 모습으로 오실 것이다. 그리스도는 다시 오실 때 하늘의 천군과 천사들을 데리고 구름 가운데 영광스러운 모습으로 오실 것이며 모든 피조물이 그분을 두려워할 것이다.

> 주께서 호령과 천사장의 소리와 하나님의 나팔 소리로 친히 하늘로부터 강림하시리니. (살전 4:16a)

그리스도의 재림을 기다리는 우리의 자세

그리스도의 재림은 모든 신앙인의 궁극적인 소망이어야 한다. 어떤 사람들은 그리스도의 재림이 있으려면 몇 가지 징조가 더 있어야 하기 때문에 그리스도의 재림까지는 시간이 많이 남았다고 생각한다. 물론 맞는 생각일 수 있다. 하지만 이러한 태도를 가지기보다는 그리스도의 재림에 관한 징조를 보고 들으면서 그날에 대한 기대와 긴장감을 더욱 강하게 가지도록 하는 것이 신앙인의 올바른 자세라고 볼 수 있다. 왜냐하면 그리스도의 오심을 기다리는 자세가 진정한 믿음이며, 또 그리스도의 오심을 통해 이루어질 것을 바라는 것이 그리스도인의 진정한 소망이기 때문이다.

> 이런 일이 되기를 시작하거든 일어나 머리를 들라 너희 속량이 가까웠느니라 하시더라. (눅 21:28)

관련 및 적용 질문들

❶ 언제 그리스도의 재림을 생각하게 되며, 또 언제 그분의 다시 오심을 바라는 마음이 생기는가? 혹시 그리스도의 재림을 바라는 마음이 없거나 희박하다면 그 이유는 무엇이라고 생각하는가?

❷ 그리스도의 재림을 생각하고 기다리는 삶과 그렇지 않은 삶에 어떤 차이들이 있을까? 특히 현실의 여러 가지 일로부터 받는 영향이나 충격에 대한 반응은 어떻게 다를까?

❸ 만약 그리스도께서 일주일 뒤에 재림하신다는 사실을 알게 된다면, 그 일주일을 어떻게 사용할지 생각해 보고 서로 나누어 보자.

20

천년왕국

천년왕국: 성경의 근거

성경의 주제 중에서 말세와 종말에 일어날 일에 대한 것보다 많은 관심을 받는 주제는 없을 것이다. 사실 성경의 예언들 가운데도 그리스도의 재림과 종말에 관한 예언이 상당 부분을 차지하고 있다. 어떤 연구에 의하면, 예수 그리스도의 재림에 관한 예언이 초림에 관한 예언보다 약 8배 정도 많다고 한다. 종말과 관련된 여러 가지 중요 주제 중에서 가장 뜨거운 주제 중 하나가 바로 천년왕국에 관한 것이다. 이 천년왕국에 관한 예언의 유래는 요한계시록 20장이다. 천년왕국은 실제로 존재할까 아니면 상징적 의미일까? 그리스도가 당신의 백성들과 함께 다스리시는 천년왕국은 언제 그리고 어떻게 이루어지는 것일까? 여기에 대한 관심과 다양한 해석은 그리스도인 사이에서 아주 뜨거운 주제다. 사실 이런 뜨거운 관심에도 불구하고 천년왕국에 관한 예언은 성경의 딱 한 곳에서만 언급되어 있다.

> 또 내가 보매 천사가 무저갱의 열쇠와 큰 쇠사슬을 그의 손에 가지고 하늘로
> 부터 내려와서 용을 잡으니 곧 옛 뱀이요 마귀요 사탄이라 잡아서 천 년 동안
> 결박하여 무저갱에 던져 넣어 잠그고 그 위에 인봉하여 천 년이 차도록 다시
> 는 만국을 미혹하지 못하게 하였는데 그 후에는 반드시 잠깐 놓이리라 또 내
> 가 보좌들을 보니 거기에 앉은 자들이 있어 심판하는 권세를 받았더라 또 내
> 가 보니 예수를 증언함과 하나님의 말씀 때문에 목 베임을 당한 자들의 영혼
> 들과 또 짐승과 그의 우상에게 경배하지 아니하고 그들의 이마와 손에 그의
> 표를 받지 아니한 자들이 살아서 그리스도와 더불어 천 년 동안 왕 노릇 하니
> (그 나머지 죽은 자들은 그 천 년이 차기까지 살지 못하더라) 이는 첫째 부활
> 이라 이 첫째 부활에 참여하는 자들은 복이 있고 거룩하도다 둘째 사망이 그
> 들을 다스리는 권세가 없고 도리어 그들이 하나님과 그리스도의 제사장이 되
> 어 천 년 동안 그리스도와 더불어 왕 노릇 하리라. (계 20:1-6)

이 본문에 '천 년'이라는 언급이 다섯 번 등장하는데, 이 천 년
에 걸친 그리스도의 왕국 통치를 '천년왕국'이라고 부른다. 이 천
년왕국에 대해서는 여러 가지 해석과 견해가 있으며, 그중 대표적
인 것 네 가지가 "무천년설"(Amillennialism), "후천년설"(Postmillennialism),
"역사주의적 전천년설"(Historic Premillennialism), "세대주의적 전천년
설"(Dispensational Premillennialsm)이다. 이 네 가지 해석은 서로 비슷한 부
분도 있지만 아주 다른 부분도 많아서 신학자들 사이에 상당한 논
쟁거리가 되고 있다. 특히나 무천년설과 세대주의적 전천년설 간에

는 팽팽한 토론과 공방이 오가고 있다. 물론 어느 쪽을 택한다고 해서 구원과 관계가 없는 것은 아니지만, 말세나 그리스도의 재림과 아주 밀접한 관계가 있기 때문에 가볍게 생각할 문제는 아니다. 그래서 하나씩 살펴보려 한다.

무천년설

무천년설은 요한계시록 20장의 '천 년'을 문자적으로 해석하지 않고 상징적으로 해석한다. 이들은 '천'을 그리스도의 초림과 재림 사이의 기간을 의미하는 상징적인 숫자라고 믿는다. 따라서 그리스도 재림 이후에 문자적인 천년왕국은 없다는 의미에서 무천년설이라고 부른다. 그렇다고 천년왕국의 존재 자체를 부정하는 것은 아니다. 무천년설을 "실현된 천년설"(Realized Millennialism)이라고도 하는데, 그 이유는 지금 천년왕국이 진행 중이라고 보기 때문이다. 그럼 무천년설의 주장과 특징들을 자세히 살펴보자.

성경의 숫자들을 모두 문자 그대로 해석할 필요는 없다. 상징적인 숫자도 많기 때문이다. 예를 들어 시편 50:10에 "뭇 산의 가축이 다 내 것이며"(the cattle on a thousand hills)라고 할 때 실제 '천 개의 언덕'이 아니라 '모든 언덕'을 의미하는 것과 같은 맥락이다.

요한은 예수 그리스도께서 이미 부활을 통해 사탄의 권세를 이기셨고 사탄을 결박한 것 같은 제압 상태로 유지하고 계신다고 말하는데(계 20:2), 예수님도 자신이 초림 때부터 이미 사탄을 결박했다고 복음서에서 말씀하셨다.

그러나 내가 하나님의 성령을 힘입어 귀신을 쫓아내는 것이면 하나님의 나라가 이미 너희에게 임하였느니라. 사람이 먼저 강한 자를 결박하지 않고서야 어떻게 그 강한 자의 집에 들어가 그 세간을 강탈하겠느냐 결박한 후에야 그 집을 강탈하리라. (마 12:28-29)

하나님의 나라는 예수님의 초림과 함께 이미 이 땅에 임하였다. 예수님은 이 하나님의 나라가 자신의 말씀과 성령을 통해 시작됨을 수차례 분명히 말씀하셨다.

이르시되 때가 찼고 하나님의 나라가 가까이 왔으니 회개하고 복음을 믿으라 하시더라. (막 1:15)

요한계시록 20:4-6에 나오는 '그리스도와 함께 왕 노릇하며 다스리는 권세를 받은 자들'은 이 땅에서 믿다가 죽어서 그리스도에게로 올라간 성도들이다. 그러므로 요한계시록 20:5의 첫째 부활은 이 땅에서 예수를 믿고 영적으로 거듭난 상태로 살다가 하늘로 올라간 성도들을 의미한다. 이들은 지금 하늘에서 그리스도와 함께 살면서 다스리는 권세를 누리고 있다.

온 땅에 복음이 전파되고 이스라엘의 남은 자들이 주님께 돌아온 뒤에 그리스도의 재림이 있을 것이다. 이방인과 유대인의 운명에 구별이나 차별은 없으며 오직 예수를 믿고 구원받은 하나의 교회만 있을 뿐이다. 세대주의적 전천년설은 이 이방인과 유대인의 구별이 영원히 뚜렷하다고 주장한다.

그리스도의 재림이 임박할 때에는 점증적으로 혹독한 환난이 있을 것이며 적그리스도의 출현과 더불어 대대적인 배교(Apostasy)가 일어날 것이다.

그리스도의 재림 후에 믿는 자와 믿지 않는 자가 함께 부활할 것이며, 믿는 자들은 천국의 생명을 믿지 않는 자들은 지옥의 형벌을 받을 것이다.

> 이를 놀랍게 여기지 말라 무덤 속에 있는 자가 다 그의 음성을 들을 때가 오나니 선한 일을 행한 자는 생명의 부활로, 악한 일을 행한 자는 심판의 부활로 나오리라. (요 5:28-29)

그리스도가 이미 하늘에 있던 성도들과 재림하실 때, 이 땅에 살아 있던 성도는 영광스러운 몸으로 변하여 공중으로 들림을, 즉 휴거를 겪을 것이다.

> 주께서 호령과 천사장의 소리와 하나님의 나팔 소리로 친히 하늘로부터 강림하시리니 그리스도 안에서 죽은 자들이 먼저 일어나고 그 후에 우리 살아 남은 자들도 그들과 함께 구름 속으로 끌어 올려 공중에서 주를 영접하게 하시리니 그리하여 우리가 항상 주와 함께 있으리라. (살전 4:16-17)

공중에서 이미 천국에 있던 성도들과 이 땅의 성도들을 함께 불러 모으신 그리스도께서 이 땅에 내려오셔서 모든 불신자를 심판하시고 지옥으로 보내실 것이다. 그 후 새 하늘과 새 땅을 창조하시고 모든 믿는 자를 영원한 천국으로 데려가실 것이다.

무천년설은 아우구스티누스와 제임스 패커(J. I. Packer), 그리고 오늘날 개혁주의 신학을 따르는 사람들의 주된 견해다. 그렇다고 모든 개혁주의자가 무천년설을 따르는 것은 아니다.

후천년설

후천년설이란 그리스도의 재림이 천년왕국 이후에 일어날 것을 의미하는 말이다. 무천년설과 마찬가지로 후천년설도 그리스도가 몸소 다스리시는 문자 그대로의 천년왕국이 있을 거라고는 믿지 않는다. 그렇다면 후천년설의 주장은 무엇이고, 또 무천년설과는 어떻게 다른지 살펴보자.

복음이 전파됨에 따라 많은 사람이 하나님께 돌아오면서 자연스럽게 이 땅에 천년왕국이 도래할 것이다. 이 땅이 점점 복음화되면 그 결과 정의와 공평과 심지어 풍요의 시대가 임할 텐데, 이를 "황금시대"(Golden Age)라고 부른다. 이러한 시대가 오랜 동안 지속되는 것이 천년왕국이며, 그 뒤에 그리스도의 재림이 있을 것이다.

천년왕국 때는 이방인들뿐 아니라 로마서 11장에 예언된 유대인의 대대적인 회심이 이루어질 것이다.

> 형제들아 너희가 스스로 지혜 있다 하면서 이 신비를 너희가 모르기를 내가 원하지 아니하노니 이 신비는 이방인의 충만한 수가 들어오기까지 이스라엘의 더러는 우둔하게 된 것이라. 그리하여 온 이스라엘이 구원을 받으리라. (롬 11:25-26a)

형제들아 너희가 스스로 지혜 있다 하면서 이 신비를 너희가 모르기를 내가 원하지 아니하노니 이 신비는 이방인의 충만한 수가 들어오기까지 이스라엘의 더러는 우둔하게 된 것이라. 그리하여 온 이스라엘이 구원을 받으리라. (롬 11:25-26a)

요한계시록 20장에 예언된 사탄의 결박이 있을 것이므로, 세상은 죄가 최소한의 상태로 억제된 시대를 경험할 것이다. 비록 죄가 완전히 없어지지는 않더라도 상당 부분 억제된 상태이기 때문에, 기독교와 성경 말씀이 사회의 지배적인 원리가 될 것이다. 그 결과 인류는 전에 없던 정치적, 사회적 평화와 평등을 누릴 것이며, 도덕적인 부패도 최소화되고 경제적인 풍요도 공평하게 누리는 세상에서 살 것이다. 이전에 적대적이었던 민족들과 나라들이 서로 조화로운 관계 속에서 협력할 것이기 때문에, 인류는 전에 겪어 보지 못한 세계 평화의 시대를 누릴 것이다. 이러한 상황에서 수많은 사람이 복음을 받아들이고 구원을 얻을 것이다.

이렇게 복음화되고 살기 좋은 세상이 이 땅에 이루어진 후에 그리스도의 재림이 있을 것이다.

마태복음 24:1-31에 언급된 대환난이나 데살로니가후서 2장의 배교는 천년왕국 이전에 일어나거나 천년왕국 마지막과 그리스도의 재림 사이에 잠깐 일어날 것이다. 이 시기는 결박되어 있던 사탄이 잠깐 놓일 때이기도 하다(계 20:7). 하지만 이러한 일들이 천년왕국 동안에 이루어질 교회의 번성에 미칠 영향은 아주 미미할 것이다.

후천년설은 이 땅에 복음의 전파와 그리스도의 역사를 통한 황금시대가 올 것이라고 믿는 다분히 "낙관적인 기독교 세계관"에 근거하는 견해다. 이 후천년설은 복음의 전파가 폭발적으로 일어나기 시작했던 18세기부터 광범위하게 받아들여지기 시작했다. 복음이 북미대륙으로 건너가고 현대 선교의 아버지라고 불리는 윌리엄 캐리(William Carey)와 같은 수많은 선교사를 통해 선교의 불이 당겨진 시대에 후천년설은 많은 주목과 인정을 받았었다. 조나단 에드워즈(Jonathan Edwards) 같은 유명한 지도자들도 후천년설을 전파했다. 이러한 후천년설의 발전은 당시 사회적 환경과도 밀접한 관계가 있다. 18세기 이후의 세계는 과학문명의 발달과 의술의 획기적인 발전을 경험하기 시작했기 때문에, 세상의 전반적인 분위기가 매우 낙관적이었다. 이러한 시대적 흐름 속에서 후천년설은 상당히 그럴듯한 견해로 주목을 받았다. 하지만 1, 2차 세계대전을 겪으면서 이러한 낙관적인 세계관은 급격히 위축되었고, 후천년설도 상당 부분 설득력을 잃게 되었다.

전천년설

전천년설이란 그리스도의 재림이 천년왕국 바로 전에 일어남을 의미한다. 그리스도께서 재림 하신 후 이 땅에 왕국을 세우시고 말 그대로 천년 동안 통치하실 것이고, 그 천년왕국의 마지막에 완성된 천국이 이루어질 거라는 견해다. 전천년설에는 두 가지가 있는데, 하나는 역사주의적 전천년설이고 다른 하나는 세대주의적 전천년설이다. 물론 각각의 전천년설 안에도 상세한 부분에서는 견해와 해석의 차이가 있다. 여기에서는 각각의 주된 주장을 살펴보겠다.

역사주의적 전천년설

역사주의적 전천년설이란 그 표현대로 오랜 역사를 지닌 전천년설이다. 성경은 그리스도의 재림과 천년왕국 이전에 많은 일이 일어날 것을 예언하고 있다. 그리스도의 재림은 복음이 땅 끝까지 전파되고, 대환난이 일어나며, 적그리스도가 출현한 후에 있을 것이다. 교회가 이러한 대환난과 적그리스도의 출현을 겪은 후, 그리스도가 재림하실 때는 이미 죽은 성도들은 부활하고 살아 있는 성도들은 영광스러운 몸으로 변하면서 휴거되어 공중에 재림하신 예수를 만날 것이다. 그리스도는 이 성도들과 함께 이 땅에 오셔서 적그리스도를 심판하시고 천년왕국을 세워서 다스리실 것이다. 그리스도의 재림이 임박할 때 이 땅에 살고 있을 유대인들은 대대적으로 회심하고 예수께서 메시아이심을 깨닫고 구원의 믿음에 이를 것이다.

그리스도의 재림에 임박하여 구원에 이른 유대인과 이방인이 합쳐서 한 백성을 이룰 것이다. 구원받은 유대인과 이방인 사이에는 별다른 구별이 없을 것이다. 이 부분이 세대주의와 다른 내용이다.

부활한 성도들과 그리스도의 재림 때 살아 있다가 휴거된 성도들이 그리스도와 함께 천년왕국에서 왕 노릇 할 것이다.

그리스도의 재림 때 믿지 않던 나라와 민족은 여전히 이 땅에 남아서 그리스도의 '철장의 통치'를 받을 것이다. 철장이란 부러지지 않는 철과, 불의와 죄를 철저히 다스리는 정의의 막대기를 의미한다. 따라서 이 시대에는 정의가 바로 설 것이며 모든 죄와 불의가 그에 응당한 벌을 받을 것이다.

> 그의 입에서 예리한 검이 나오니 그것으로 만국을 치겠고 친히 그들을 철장으로 다스리며. (계 19:15a)

따라서 천년왕국은 천국이 아니다. 여전히 죄와 불의가 존재하지만, 이전의 세상보다는 현저히 그런 것들이 줄어들고 제압된 상태다. 또한 정의와 공평이 그 어느 때보다 지배적인 사회가 될 것이다. 투명하고 공정한 사회 속에서 인류는 에덴동산에서 추방된 이후 처음으로 평안과 번영을 맛볼 것이다. 이 천년왕국 시대에는 식물도 전에 없이 풍성한 열매를 맺을 것이고 사막에서도 꽃이 필 것이다. 이 천년의 기간 동안 사탄은 결박되어 있으므로(계 20:2), 사람들을 괴롭히거나, 속이거나, 유혹할 수 없을 것이다.

천년왕국의 마지막에는 결박됐던 사탄이 풀려나서 땅의 사방 백성, 즉 곡과 마곡을 미혹하여 수많은 추종자를 데리고 성도들을 에워싸 전쟁을 일으킬 것이다(계 20:7-8). 하지만 하늘에서 불이 내려와 사탄과 그 추종자들을 태워 버리고, 그들을 미혹하던 사탄 마귀는 유황불 구덩이에 던져질 것이다(계 20:9-10). 곡과 마곡의 정확한 의미에 대해서는 의견이 분분하지만, 아마도 곡은 사탄의 사주를 받는 적그리스도와 같은 지도자며 마곡은 그를 추종하는 무리일 거라고 보는 의견이 많다.

천년왕국은 사탄과 그리스도의 마지막 전쟁으로 막을 내리고, 그

후에 불신자들의 부활이 있을 것이다. 그리고 천년왕국 시작 바로 전에 이미 부활한 믿는 자들과 천년왕국 뒤에 부활한 불신자들을 향한 하나님의 백 보좌(white throne) 심판이 있을 것이다. 생명책에 그 이름이 기록된 자는 천국으로, 그 이름이 없는 자는 영원한 불못(lake of fire), 곧 지옥으로 떨어질 것이다. 이것이 둘째 사망이다(계 20:14-15). 이 심판 이후 성도들은 새 하늘과 새 땅, 즉 천국의 영원한 영광으로 들어갈 것이다.

역사주의적 전천년설을 주장하는 사람들은 요한계시록 19장이 예수 그리스도의 재림에 관한 내용이라면, 20장은 천년왕국과 마지막 심판에 관한 내용이고, 21장은 영원한 천국 시대의 도래에 관한 내용이라고 믿는다. 20장을 좀 더 구체적으로 말하자면, 1-3절은 사탄의 결박을, 4-5절은 믿는 성도들이 부활하여 그리스도와 함께 왕 노릇함을 의미한다고 믿는다. 이와 같이 전천년설은 요한계시록의 예언들이 사건들이 일어나는 순서에 따른 기록이라고 주장한다. 역사주의적 전천년설을 주장하는 인물들에는 테르툴리아누스(Tertullianus), 존 파이퍼(John Piper), 웨인 그루뎀(Wayne Grudem) 등이 있다.

세대주의적 전천년설

세대주의적 전천년설은 19세기 말에 등장한 해석으로, 다른 견해들보다 최근에 등장했다. 세대주의적 전천년설도 역사주의적 전천년설처럼 그리스도의 재림이 문자적 천년왕국 이전에 일어날 일이라고 믿는다. 하지만 두 견해는 많은 부분에서 상당히 다르다. 세대주의적 전천년설의 주장들을 공부하기 전에 먼저 세대주의(Dispensationalism)에 대해 살펴보자.

세대주의란 하나님이 당신의 백성들을 다루시는 방법과 시대가 구별된다고 주장한다. 세대주의는 성경 속의 역사와 시대를 다음과 같이 일곱 시대로 구별한다. 무죄 시대(창조부터 타락 사이의 에덴동산 시대), 양심 시대(에덴동산 추방 후부터 노아의 홍수까지), 인간 통치 시대(노아부터 아브라함까지), 약속 시대(아브라함부터 모세까지), 율법 시대(모세부터 그리스도까지), 은혜 또는 교회 시대(그리스도부터 교회까지), 왕국 시대(천년왕국). 이 각각의 시대에서 하나님은 인간을 향한 자신의 뜻을 다르게 보여 주셔서 인간의 순종을 시험하신다. 비록 각각의 시대에 하나님의 뜻을 다른 형태로 보여 주시기는 했지만, 구원의 길은 여전히 예수 그리스도를 믿는 것밖에 없다.

세대주의의 두드러진 특징은 두 가지다. 첫째, 세대주의는 성경을 문자 그대로 해석함을 원칙으로 한다. 세대주의자들은 특별히 성경에 등장하는 예언과 관련된 숫자들을 문자 그대로 해석하는데, 그들은 하나님이 주신 숫자를 그대로 해석하는 것이 당연하지 그에 어떤 상징적인 의미를 부여하는 것은 하나님의 구체적인 계시를 왜곡하는 결과를 가져온다고 주장한다. 그들에게 천년왕국은 말 그대로 천 년 동안의 왕국인 것이다. 둘째, 세대주의자들은 이스라엘과 교회(구원받은 이방인들) 사이에 근본적이고 영원한 구별이 있다고 믿는다. 그들은 하나님이 이스라엘과 교회를 향해 구별된 약속과 계획을 가지고 계시며, 그 성취의 방법과 결과도 다르다고 믿는다. 이 교회와 이스라엘 사이의 구별에 관해서는 세대주의적 전천년설을 공부하면 더 분명히 이해가 될 것이다. 세대주의 안에도 다양한 주장이 있지만 주된 내용은 다음과 같다.

이스라엘을 향한 하나님의 약속과 예언은 성취될 것이다. 개혁주의는 신약에 와서 이스라엘과 이방인의 구별이 없어졌으며 구원받은 성도의 모임인 교회가 영적 이스라엘이라고 여기는 데 반해, 세대주의는 이스라엘과 교회가 엄연히 구별된 집단이라고 여긴다. 따라서 구약의 이스라엘에 관한 무수한 예언을 개혁주의자는 신약의 교회를 향한 예언이라고 보는 반면에 세대주의자는 이스라엘 민족을 향한 예언이라고 본다. 그중 대표적인 예레미야의 예언을 살펴보자.

> 여호와의 말씀이니라 보라 날이 이르리니 내가 이스라엘 집과 유다 집에 새 언약을 맺으리라. 이 언약은 내가 그들의 조상들의 손을 잡고 애굽 땅에서 인도하여 내던 날에 맺은 것과 같지 아니할 것은 내가 그들의 남편이 되었어도 그들이 내 언약을 깨뜨렸음이라 여호와의 말씀이니라. 그러나 그 날 후에 내가 이스라엘 집과 맺을 언약은 이러하니 곧 내가 나의 법을 그들의 속에 두며 그들의 마음에 기록하여 나는 그들의 하나님이 되고 그들은 내 백성이 될 것이라 여호와의 말씀이니라. 그들이 다시는 각기 이웃과 형제를 가르쳐 이르기를 너는 여호와를 알라 하지 아니하리니 이는 작은 자로부터 큰 자까지 다 나를 알기 때문이라 내가 그들의 악행을 사하고 다시는 그 죄를 기억하지 아니하리라 여호와의 말씀이니라. (렘 31:31-34)

개혁주의는 이 새 언약의 예언이 교회에 이르러 성취됐다고 믿는 반면, 세대주의는 이 언약이 이스라엘에게 성취될 미래의 언약, 특별히 천년왕국 시대에 성취될 언약이라고 믿는다.

역사주의적 전천년설은 그리스도의 재림과 성도의 휴거가 환난 이후에 일어날 일이라고 주장하지만(환난 후 재림과 휴거), 세대주의적 전천년설은 그리스도의 공중 재림이 칠 년 동안의 대환난 이전에 일어나며(환난 전 첫째 단계의 재림과 휴거), 대환난 이후에 지상 재림(둘째 단계의 재림)이 있다고 믿는다. 그러므로 그리스도의 재림은 두 단계에 걸쳐 일어날 것이다. 환난 전 재림을 믿기 때문에 세대주의는 그리스도의 재림이 이제 언제라도 일어날 수 있다고 믿는다. 이러한 주장의 배경에는 세대주의적 요한계시록 해석이 크게 작용한다. 세대주의자들은 요한계시록 1-3장에 등장하던 교회가 4장부터는 전혀 언급되지 않다가, 20장에 천년왕국이 등장하고, 21장에서 신부로 단장한 모습이 나타나므로, 교회는 3장과 4장 사이에 일어날 그리스도의 공중 재림 때 휴거하고 이 땅이 환난을 겪을 칠 년 동안에는 이 땅에 존재하지 않는다고 생각한다. 이들은 요한계시록 4-19장이 교회가 휴거되어 사라진 이 땅에서 일어날 대환난에 관한 예언의 기록이라고 믿는다. 환난 전 그리스도의 공중 재림 때 신약 시대에 죽었던 성도들도 부활하게 된다. 이 칠 년 동안의 지상 대환난 기간 동안 부활한 신약의 성도와 휴거한 성도들, 즉 교회는 그리스도와 함께 하늘에 올라가 칠 년 동안 어린양과의 혼인잔치에 참여하게 된다. 이 칠 년 동안의 대환난 그리고 혼인잔치의 배경이 되는 예언의 말씀들은 다니엘 9장과 7장, 요한계시록 13장 등인데, 이 부분에 대해서는 분량이 방대한 관계로 여기에서 자세히 다루지 않기로 한다. 이 칠 년 대환난 기간 중 처음 삼 년 반 동안은 사탄과 적그리스도에 의한 거짓 평화의 시기며, 후반부 삼 년 반 동안에는 엄청난 환난이 이 땅에 임할 것이다. 물론 교회는 이미 하늘에 올라가 있으므로 이 환난을 면할 것이다.

이 적그리스도가 지배하며 커다란 환난이 이 땅에 일어나는 동안 남은 유대인들이 예수가 메시아였음을 깨닫고 대대적으로 하나님께 돌아오는 역사가 일어날 것이다. 이 144,000명의 회심한 유대인들이(계 7:3-4) 복음을 증거할 것이며, 이들은 대부분 복음으로 말미암아 순교할 것이다. 하지만 이들의 노력으로 이 땅에 남은 수많은 이방인이 복음을 믿고 하나님께 돌아오는 역사가 일어나게 된다(계 7:9). 그 뒤에 사탄의 지배를 받는 세력과 이 땅에 남은 믿는 자 간의 거대한 전쟁, 즉 아마겟돈 전쟁이 일어날 것이다(계 16:14, 16).

이 아마겟돈 전쟁 마지막에 그리스도가 혼인잔치를 마친 교회와 함께 지상 재림을 하실 것이며, 이 때 구약 시대에 죽었던 성도들이 부활하고, 칠 년 대환난 동안 죽거나 순교했던 성도들이 부활하게 된다. 이들은 칠 년 대환난 이전 공중 재림 때 부활한 신약의 성도들과, 그 때 휴거한 지상의 성도들과 함께 새 하늘과 새 땅으로 들어갈 것이다.

따라서 그리스도의 재림과 함께 시작될 천년왕국에는 이전에 부활하거나 휴거한 성도들이 들어가는 것이 아니라, 그리스도의 재림 당시 살아서 주를 맞이할, 칠 년 대환난 기간 동안 살아남은 다수의 유대인과 소수의 이방인이 들어가게 된다. 그러므로 천년왕국은 그리스도의 지상 재림 때 이 땅에 살아 있을 성도들이 들어가는 곳이다. 하늘에는 부활하고 휴거한 성도들이, 땅에는 그리스도의 재림 때 살아 있던 성도들이 있게 된다.

이 천년왕국에 들어간 대다수의 유대인과 소수의 이방인은 모두 믿고 거듭난 사람들이지만, 이들을 통해 천년왕국 기간에 태어날 자손들 중에는 진정으로 믿는 자들도 있고 겉으로만 그리스도를 따르는 자들도 생기게 된다. 이 기간 동안에도 사람들은 여전히 태어나고 죽는다. 하지만 이 천년왕국 시대는 이전과 아주 다른 평화와 번영을 누리는 인류의 황금시대가 될 것이다.

천년왕국의 마지막에 결박되었던 사탄이 일시적으로 풀려나 겉으로만 그리스도를 믿던 자들을 끌어 모은다. 그리고 이들과 함께 믿는 자들을 대적하여 전쟁을 일으키지만, 곧 그리스도에 의하여 진압되고 사탄은 영원한 불과 유황 못에 던져지는데, 이곳이 바로 지옥이다(계 20:10).

천년왕국이 끝날 때 천년왕국 기간 동안에 죽었던 성도들이 부활하며, 그 뒤에 모든 믿지 않는 자가 부활하여 크고 흰 보좌 위에 앉으신 이로부터 심판을 받고, 생명책에 기록되지 않은 모든 자는 불못에 던져진다.

그 뒤에 하늘의 예루살렘이 이 땅에 내려와, 천년 동안 하늘에 있던 성도들과 천년왕국을 거친 성도들이 영원한 하나님의 복락을 누리게 된다.

천국에서는 모두 하나님의 한 백성이지만, 구원받은 유대인과 이방인 사이에 영원한 구별이 있을 것이다.

세대주의적 전천년설은 최근에 가장 유행하고 알려진 천년왕국 견해다. 특히나 미국에서 널리 퍼져 있으며 한국에서도 은근히 많이 알려져 있다. 대환난 전의 휴거와 관련된 극적인 이야기라든지 이스라엘의 움직임에 촉각을 세우는 모습들은 세대주의의 영향을 받은 현상들이다. 존 맥아더(John MacArthur), 찰스 스윈돌(Charles R. Swindoll) 같은 목사들이 이 견해를 주장한다.

관련 및 적용 질문들

❶ 이 공부를 하기 전에 천년왕국에 대해 어느 정도 알고 있었는가? 어떤 이야기를 들어 보았는가?

❷ 천년왕국의 네 가지 견해 중 어느 것이 비교적 성경적으로 옳다고 보는가? 그 이유와 근거는 무엇인가?

❸ 천년왕국에 대해 그리스도인들이 관심을 가져야 할 이유는 무엇이라고 생각하는가?

❹ 조직신학 공부를 통해 당신의 신앙에 도움과 변화가 있었다면 무엇인가?

함께 배우는 조직신학

초판 1쇄 발행 2024년 11월 25일

지은이   유재혁
편집   서재은
디자인   류은혜

펴낸곳   카비넌트북스
펴낸이   유재혁
출판등록   2024년 1월 3일 제2024-000001호
주소   서울특별시 송파구 삼전로 102 삼전빌딩 3층(삼전동)
전화   02-417-3232
전자우편   seoulcovenantbooks@gmail.com
홈페이지   www.covenantbooks.co.kr
네이버카페   "성경에서 배우는 주식투자"

ISBN   979-11-986200-4-0(03230)